Publique su obra terminada en su muro y únase a la c

#FEENCOLOR

MW00659390

PALABRAS QUE SANAN

LIBRO DE COLOREAR PARA ADULTOS

CASA
CREACIÓN

Dios siempre fue el sanador. Él sigue siendo el sanador, y seguirá por siempre siendo el sanador. La sanidad es para usted.

—*John G. Lake*

Dios es nuestro sanador

El Padre Celestial desea que usted tenga una vida abundante, y que incluya salud e integridad entre mente, cuerpo y espíritu. Dios no cambia; lo que haya hecho en el pasado, lo hará hoy. Él tiene el poder de sanar. Aumente su fe parándose sobre las promesas de sanidad encontradas en Palabra de Dios.

No se pierda los versos colocados en la página al lado de cada diseño. Cada uno fue elegido para complementar la ilustración, mientras le recuerda que Dios es su sanador. Pase algún tiempo escribiendo sus oraciones, pensamientos y percepciones en el espacio proporcionado. Estos momentos especiales con Dios renovarán su mente y le animarán a seguir creyendo.

Esperamos que encuentre este libro para colorear tanto hermoso como inspirador. A medida que colorea, recuerde que los mejores esfuerzos artísticos no tienen reglas. De rienda suelta a su creatividad mientras experimenta con colores, texturas y medios. La libertad de expresión personal le ayudará a liberar el bienestar, el equilibrio, la atención plena, y la paz interior en su vida, lo que le permitirá disfrutar del proceso, así como el producto terminado. Cuando haya terminado, puede enmarcar sus creaciones favoritas para mostrar o dar de regalo. Además, puede publicar su obra en Facebook, Twitter o Instagram utilizando el "hashtag" #feencolor.

Ciertamente llevó él nuestras enfermedades, y sufrió nuestros dolores; y nosotros le tuvimos por azotado, por herido de Dios y abatido. Mas él herido fue por nuestras rebeliones, molido por nuestros pecados: el castigo de nuestra paz sobre él; y por su llaga fuimos nosotros curados.

—Isaías 53:4-5

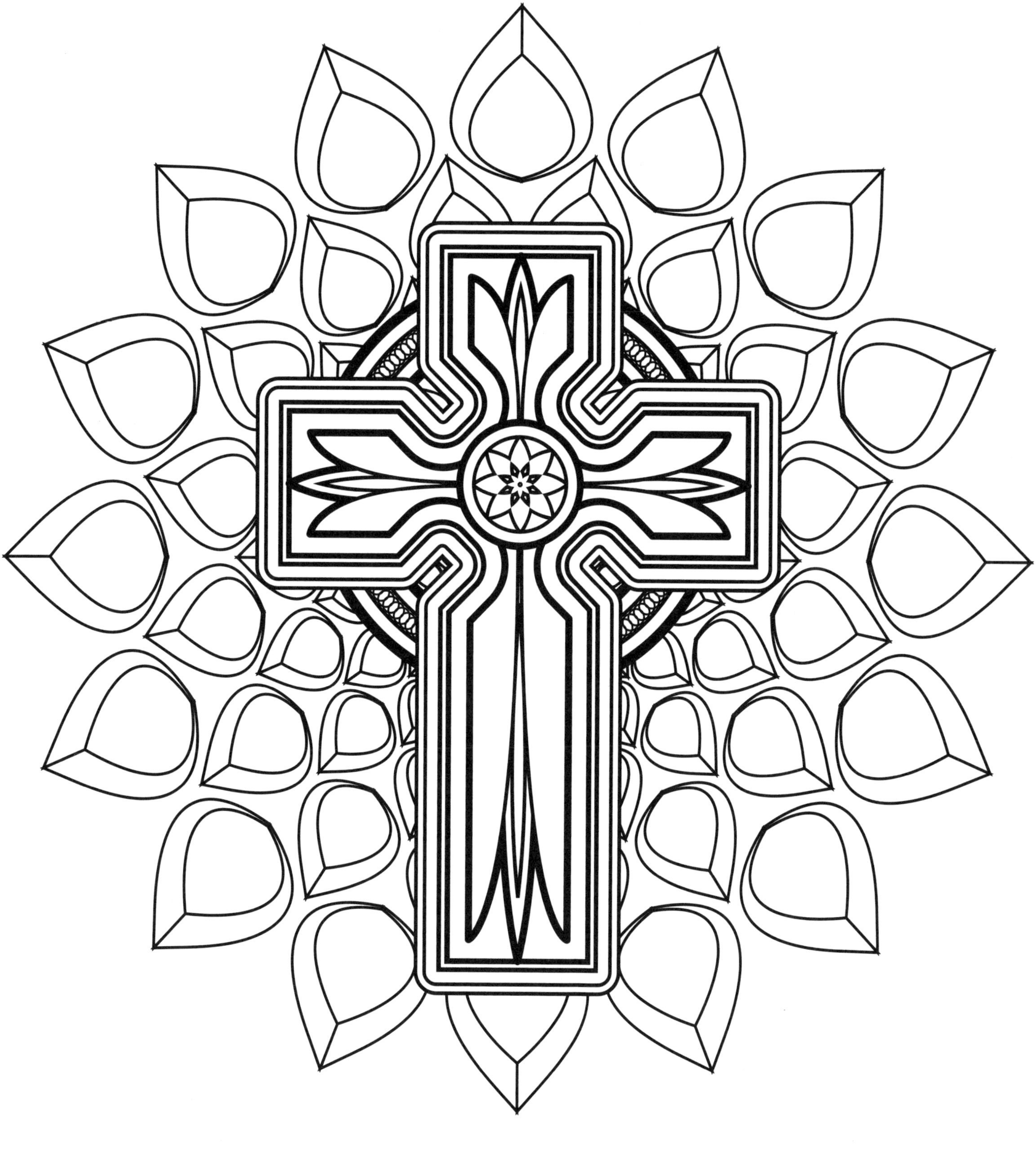

Entonces nacerá tu luz como el alba, y tu salud se dejará ver presto; e irá tu justicia delante de ti, y la gloria de Jehová será tu retaguardia.

—ISAÍAS 58:8

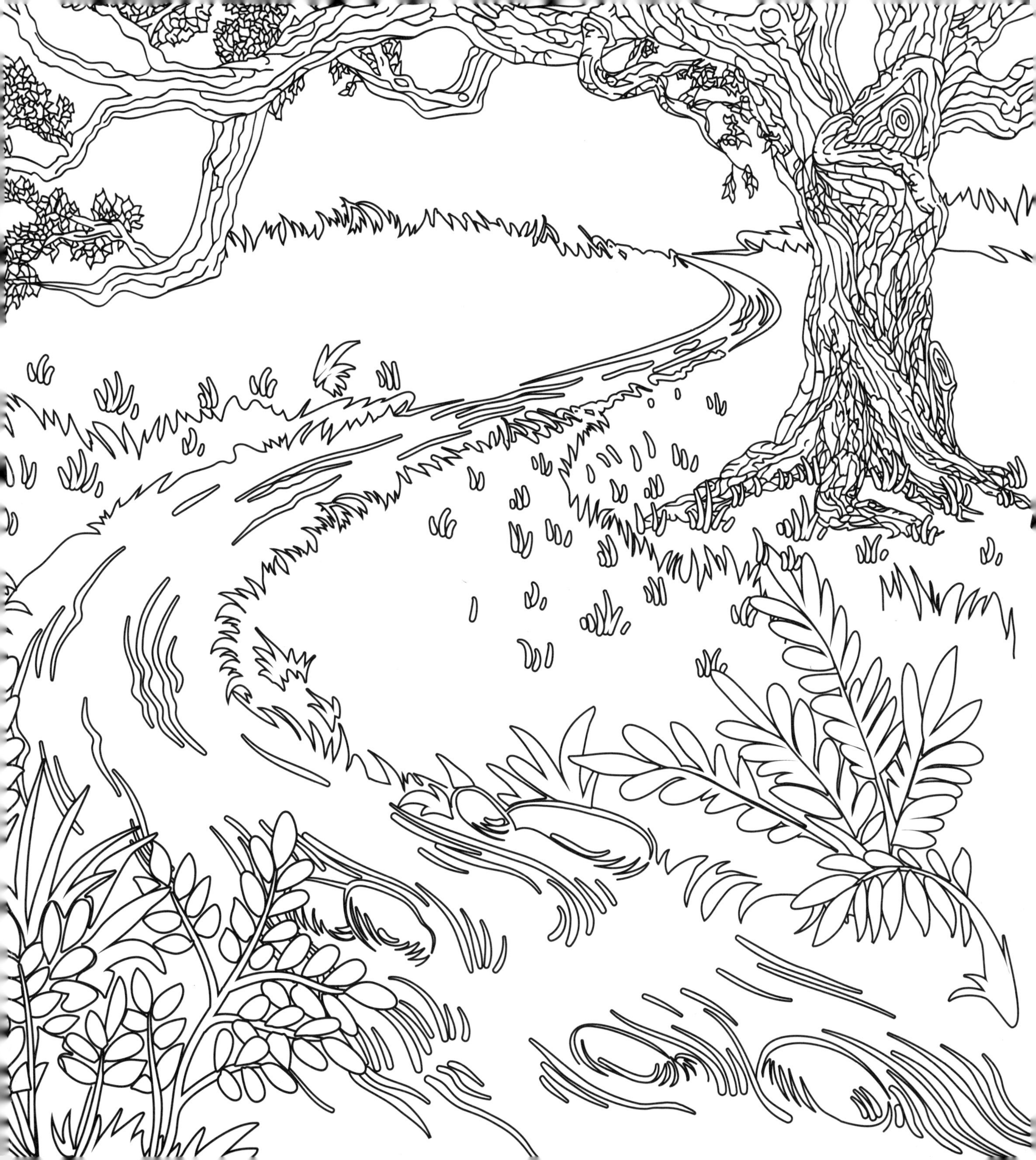

He aquí que yo le hago subir sanidad y medicina;

y los curaré, y les revelaré abundancia de paz y de verdad.

—JEREMÍAS 33:6

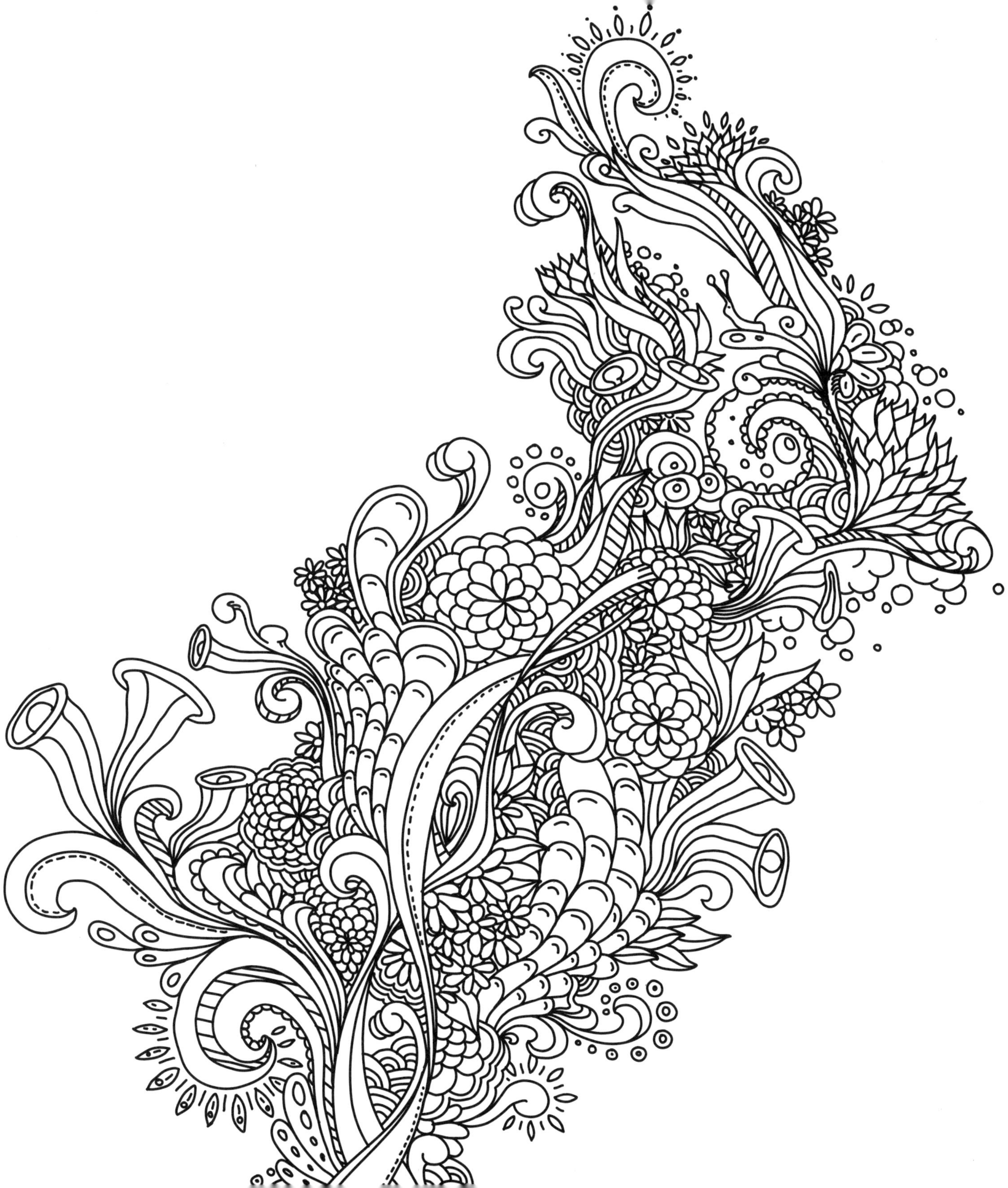

Y rodeó Jesús toda Galilea, enseñando en las sinagogas de ellos, y predicando el evangelio del reino, y sanando toda enfermedad y toda dolencia en el pueblo.

—Mateo 4:23

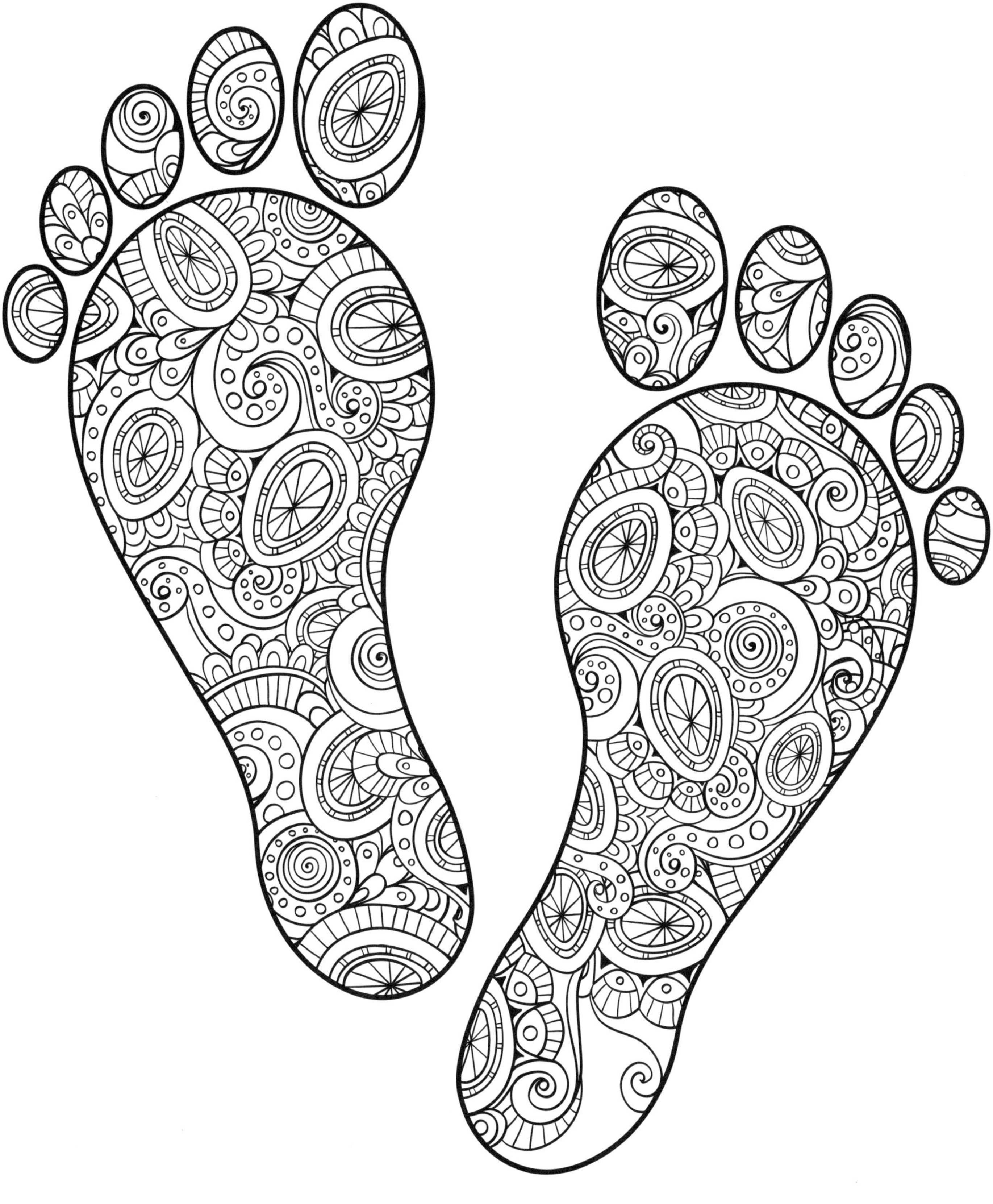

Mas a vosotros los que teméis mi nombre, nacerá el Sol de justicia, y en sus alas traerá salud.

—*Malaquías* 4:2

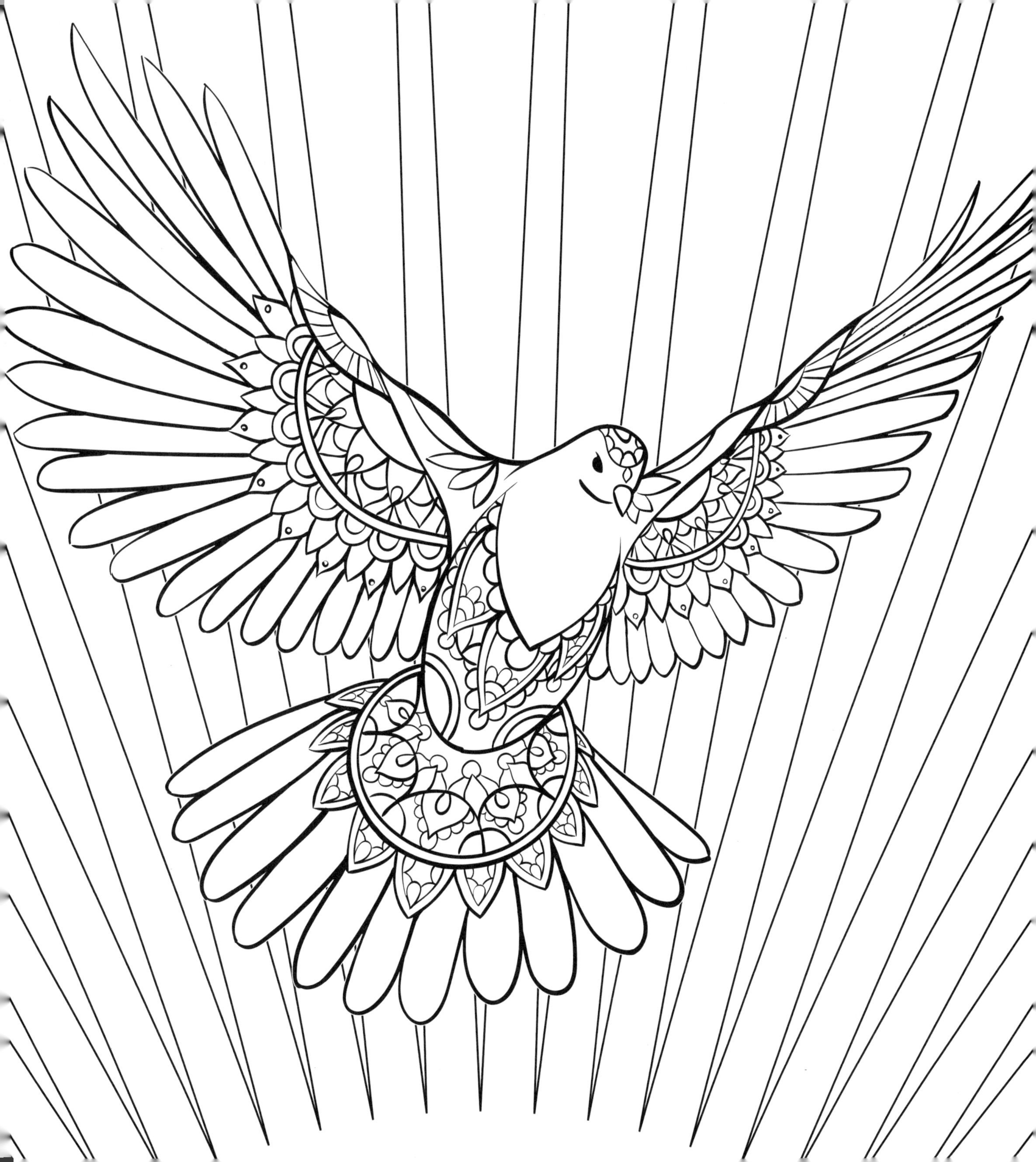

Y como lo entendieron las gentes, le siguieron;

y Él las recibió, y les hablaba del reino de Dios,

y sanaba a los que tenían necesidad de cura

—Lucas 9:11

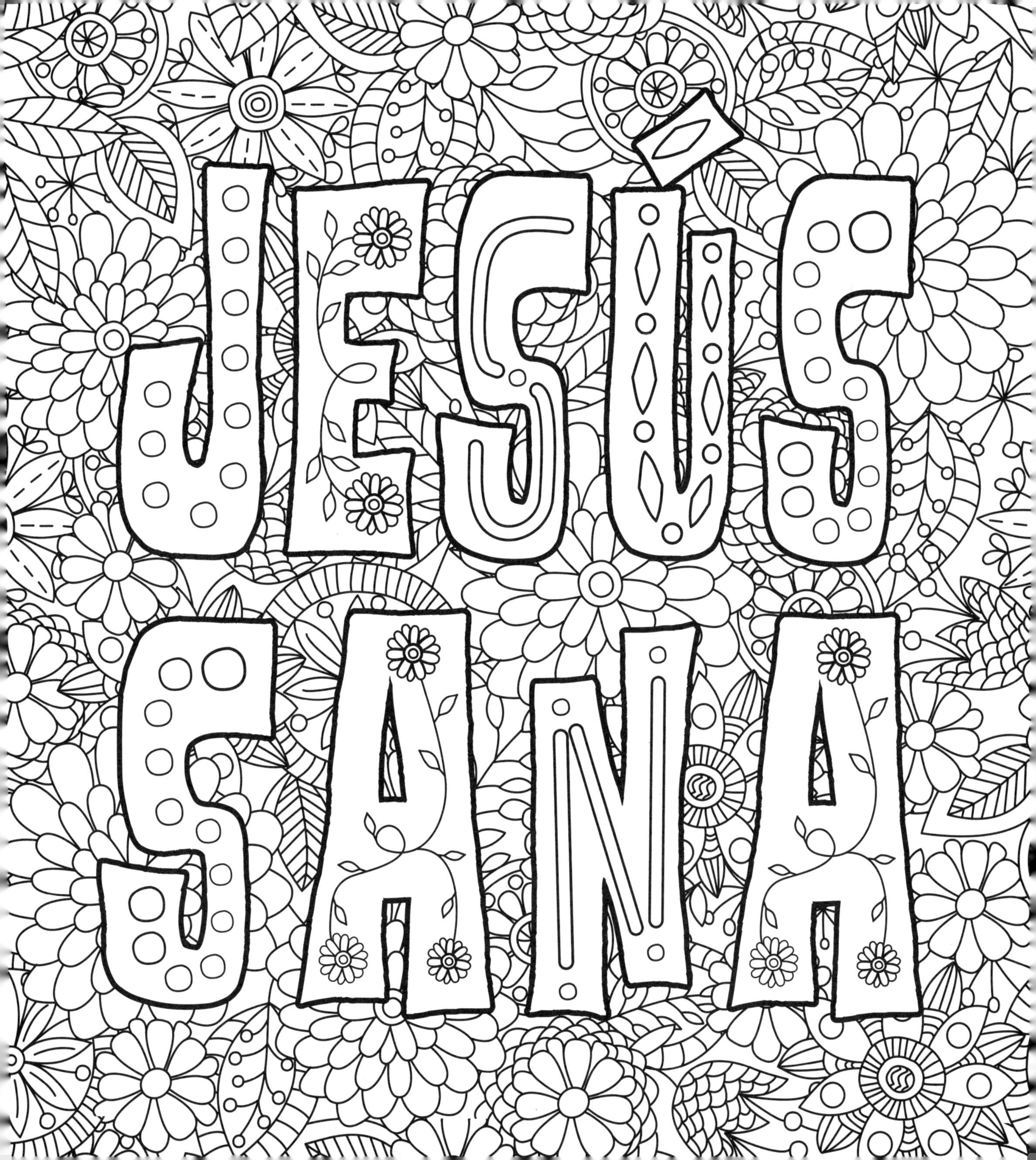
JESÚS
SANA

Cuanto a Jesús de Nazaret; cómo le ungió Dios de Espíritu Santo y de potencia; el cual anduvo haciendo bienes, y sanando a todos los oprimidos del diablo; porque Dios era con Él.

—*Hechos 10:38*

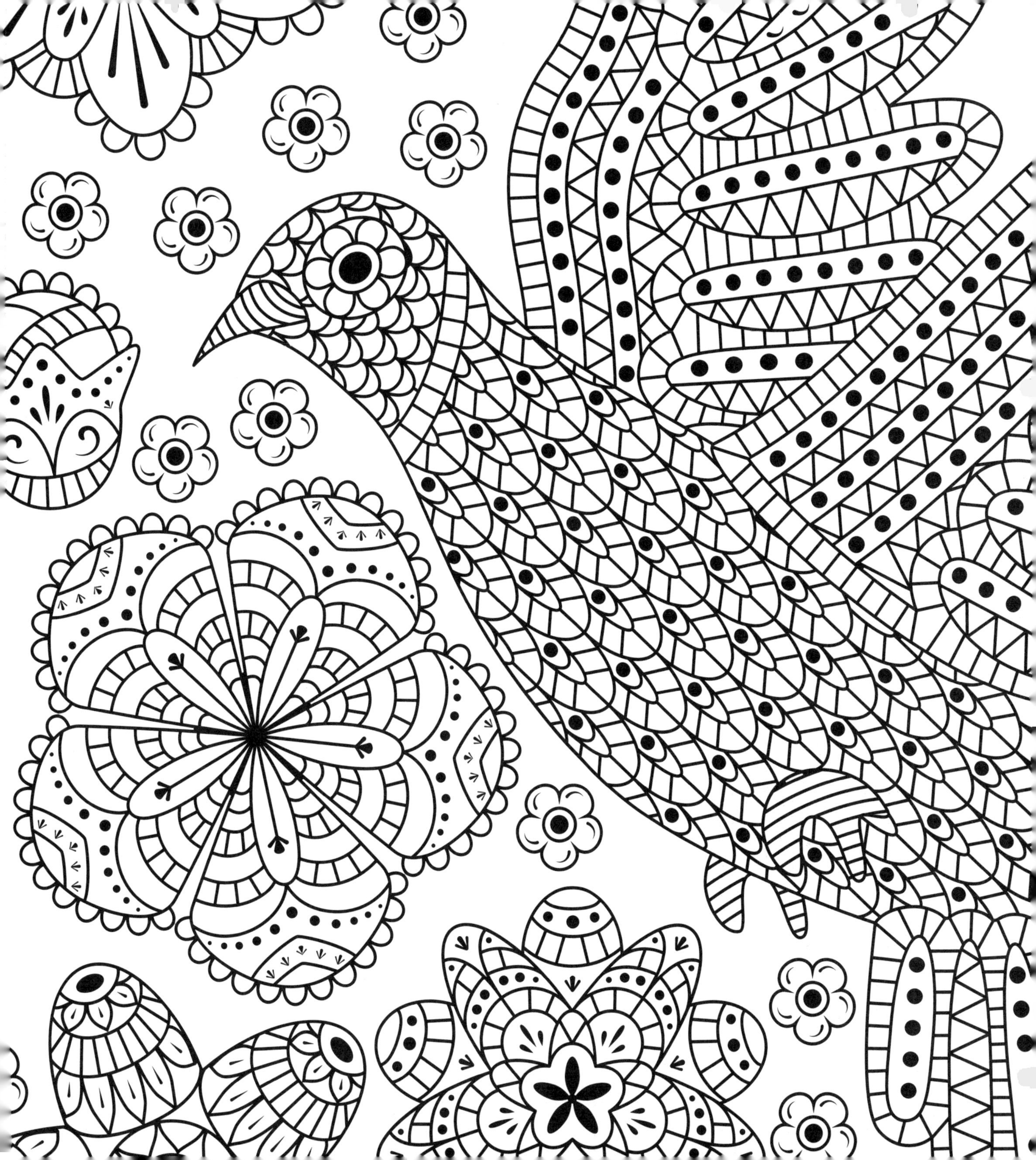

Y dijo: Si oyeres atentamente la voz de Jehová tu Dios, é hicieres lo recto delante de sus ojos, y dieres oído a sus mandamientos, y guardares todos sus estatutos, ninguna enfermedad de las que envié a los Egipcios te enviaré a ti; porque yo soy Jehová tu Sanador.

—Éxodo 15:26

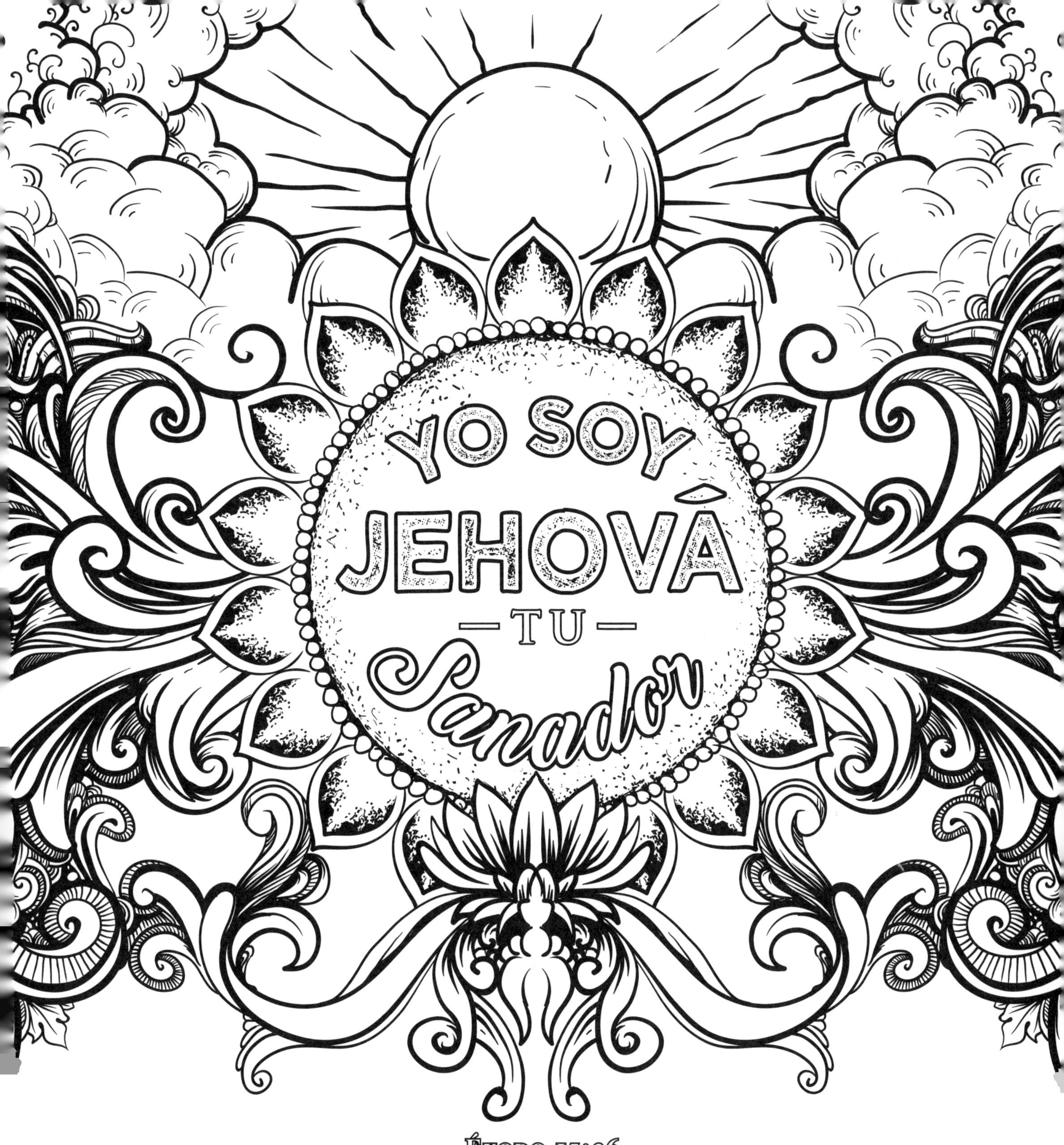

—Éxodo 15:26

Ved ahora que yo, yo soy, Y no hay dioses conmigo:

Yo hago morir, y yo hago vivir: Yo hiero, y yo curo:

Y no hay quien pueda librar de mi mano.

—*Deuteronomio* 32:39

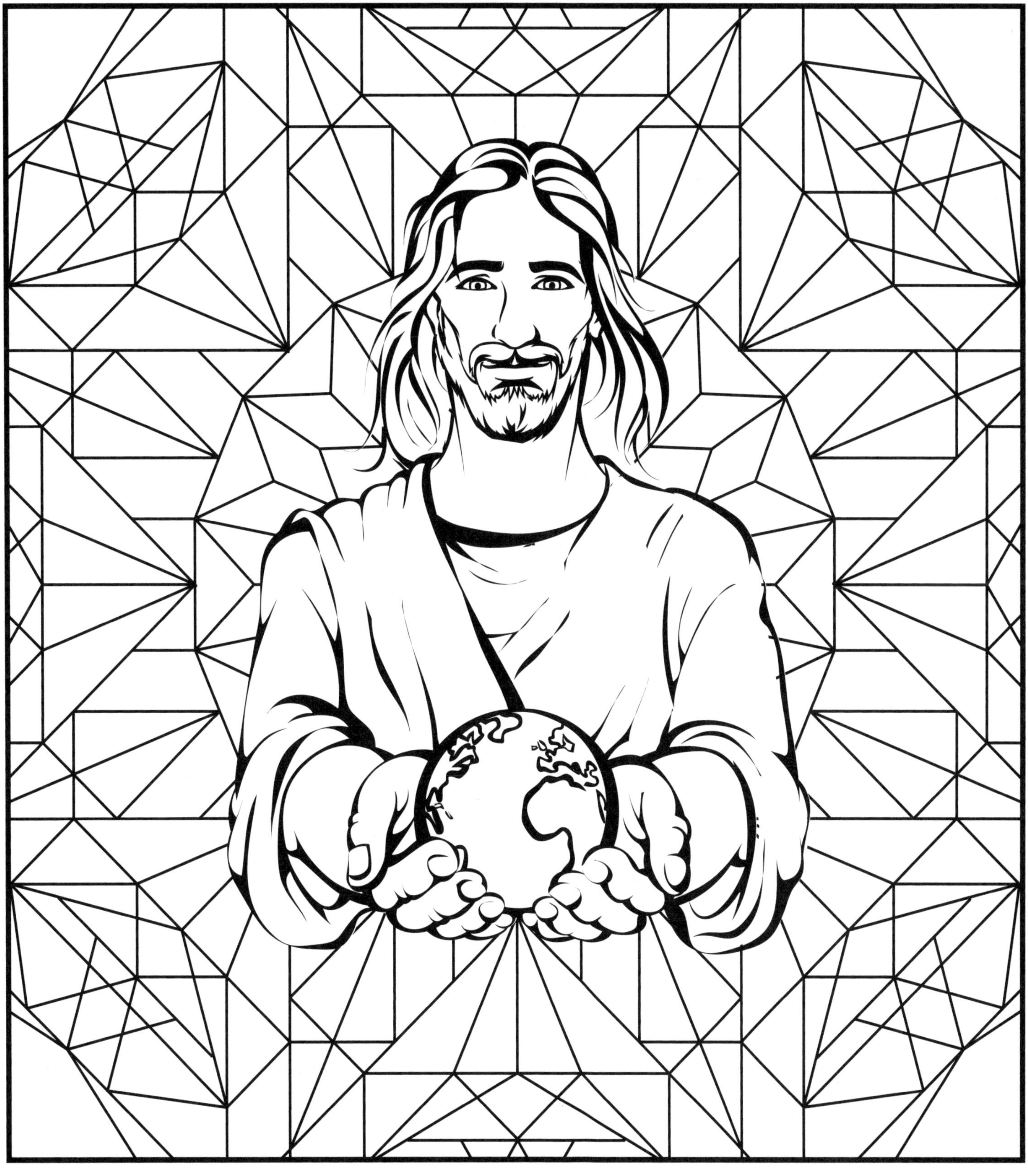

Así dice Jehová, el Dios de David tu padre: Yo he oído tu oración, y he visto tus lágrimas: he aquí yo te sano.

—2 Reyes 20:5

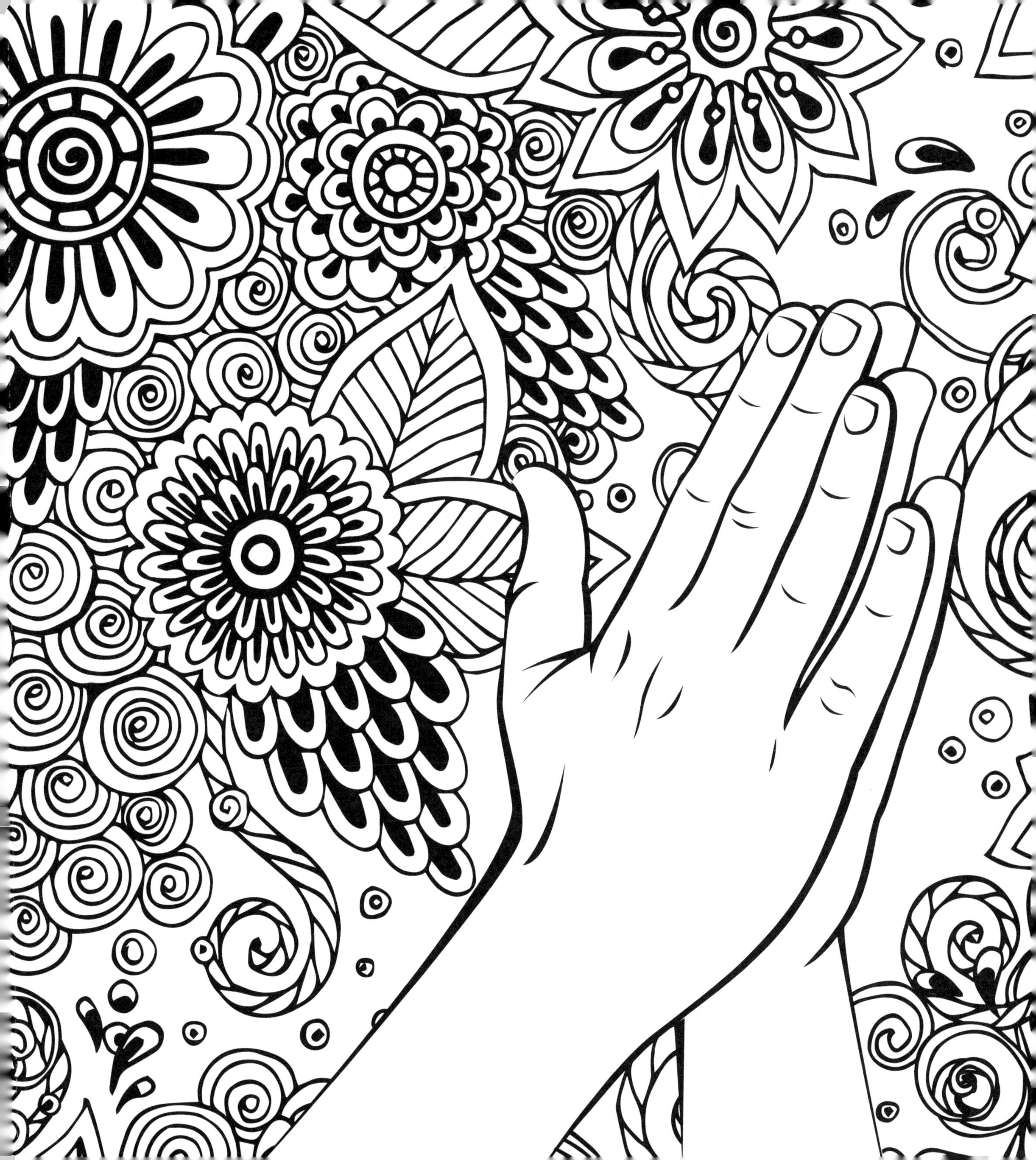

Si se humillare mi pueblo, sobre los cuales ni nombre es invocado, y oraren, y buscaren mi rostro, y se convirtieren de sus malos caminos; entonces yo oiré desde los cielos, y perdonaré sus pecados, y sanaré su tierra.

— 2 Crónicas 7:14

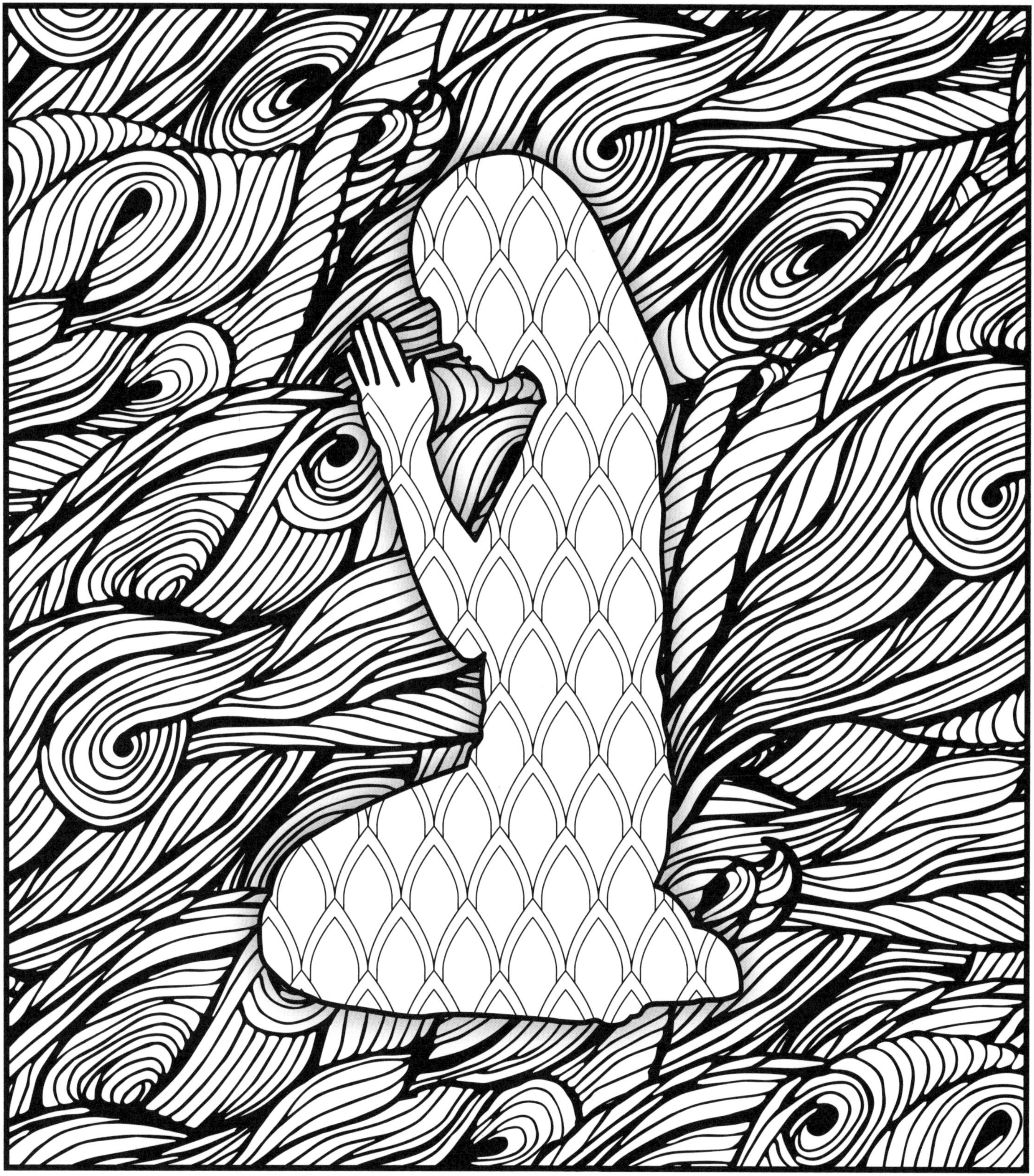

Ten misericordia de mí, oh Jehová, porque yo estoy debilitado:

Sáname, oh Jehová, porque mis huesos están conmovidos.

—Salmo 6:2

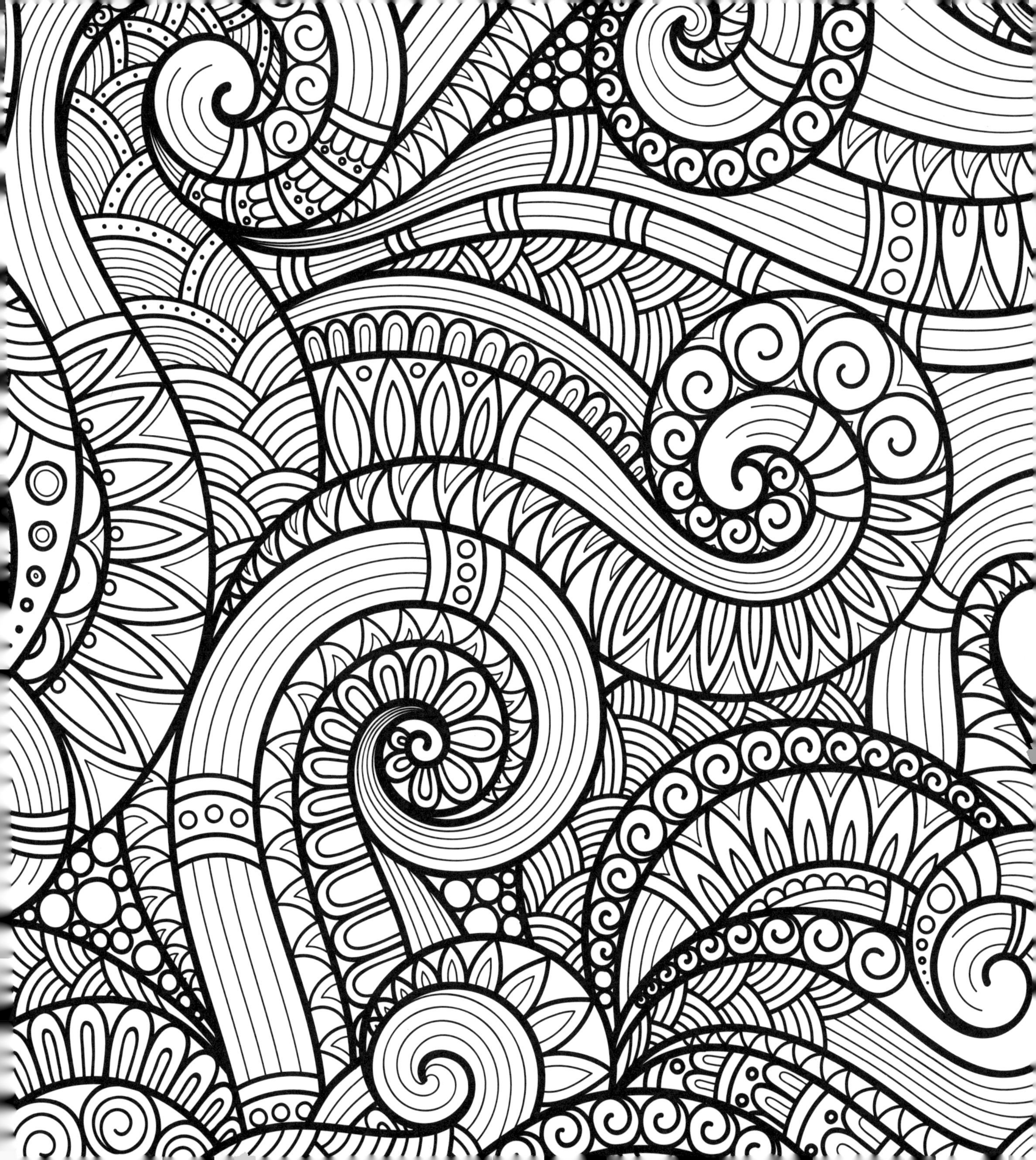

Bendice, alma mía, a Jehová, Y no olvides ninguno de sus beneficios.

Él es quien perdona todas tus iniquidades, El que sana todas tus dolencias;

El que rescata del hoyo tu vida, El que te corona de favores y misericordias;

El que sacia de bien tu boca De modo que te rejuvenezcas como el águila.

—Salmo 103: 2-5

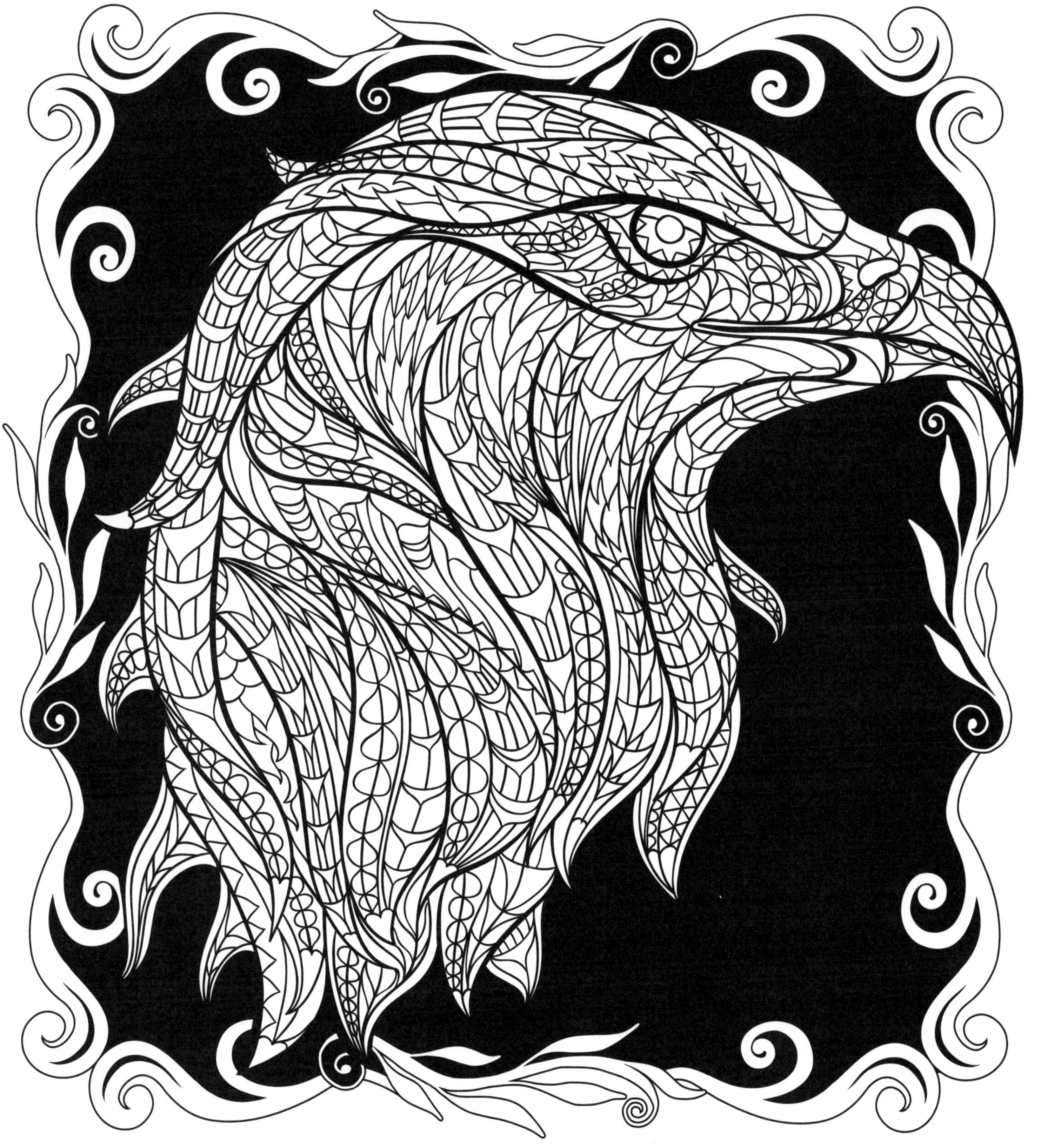

El sana a los quebrantados de corazón, Y liga sus heridas.

—*Salmo 147:3*

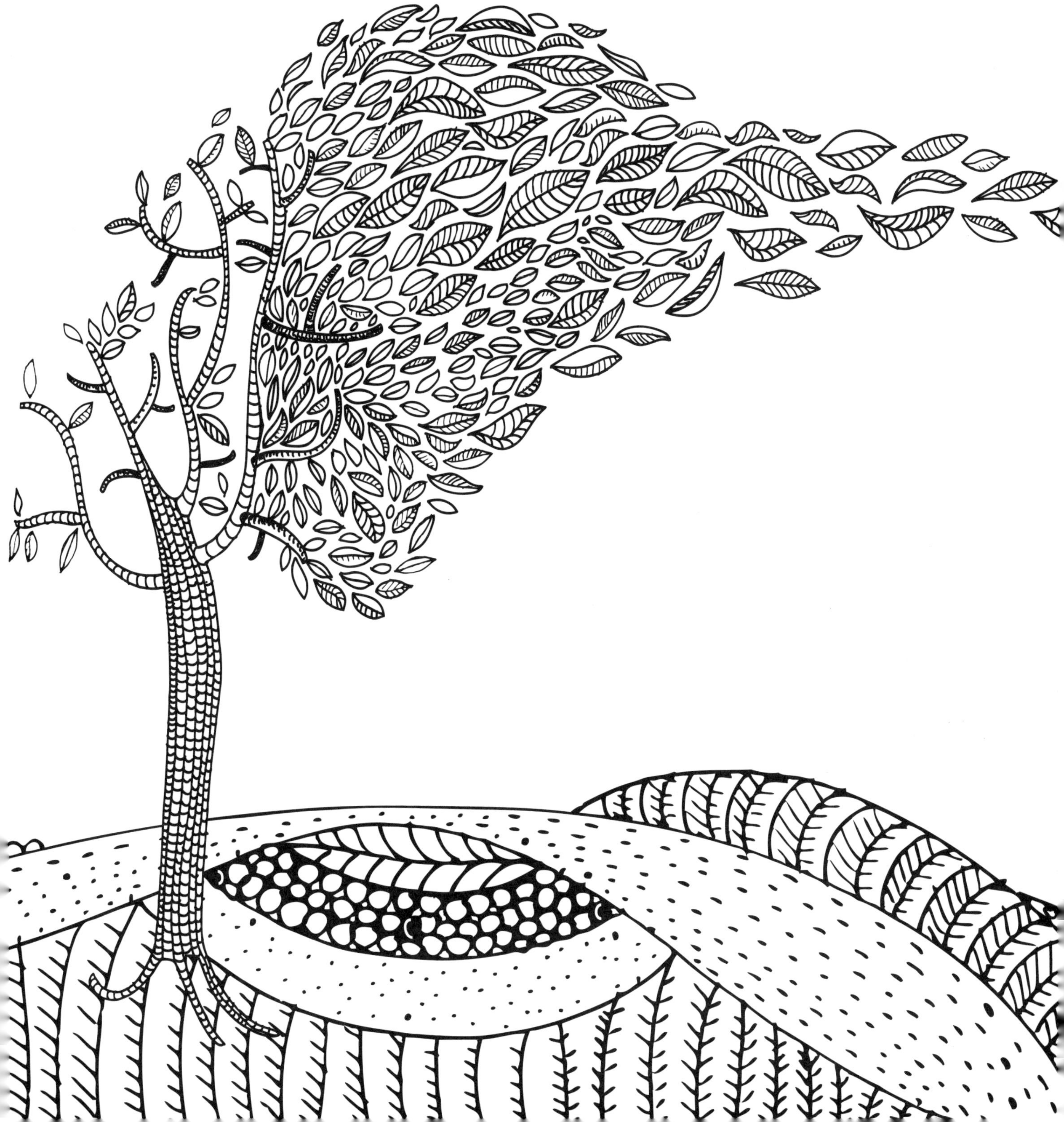

Jehová Dios mío, A ti clamé, y me sanaste.

—Salmo 30:2

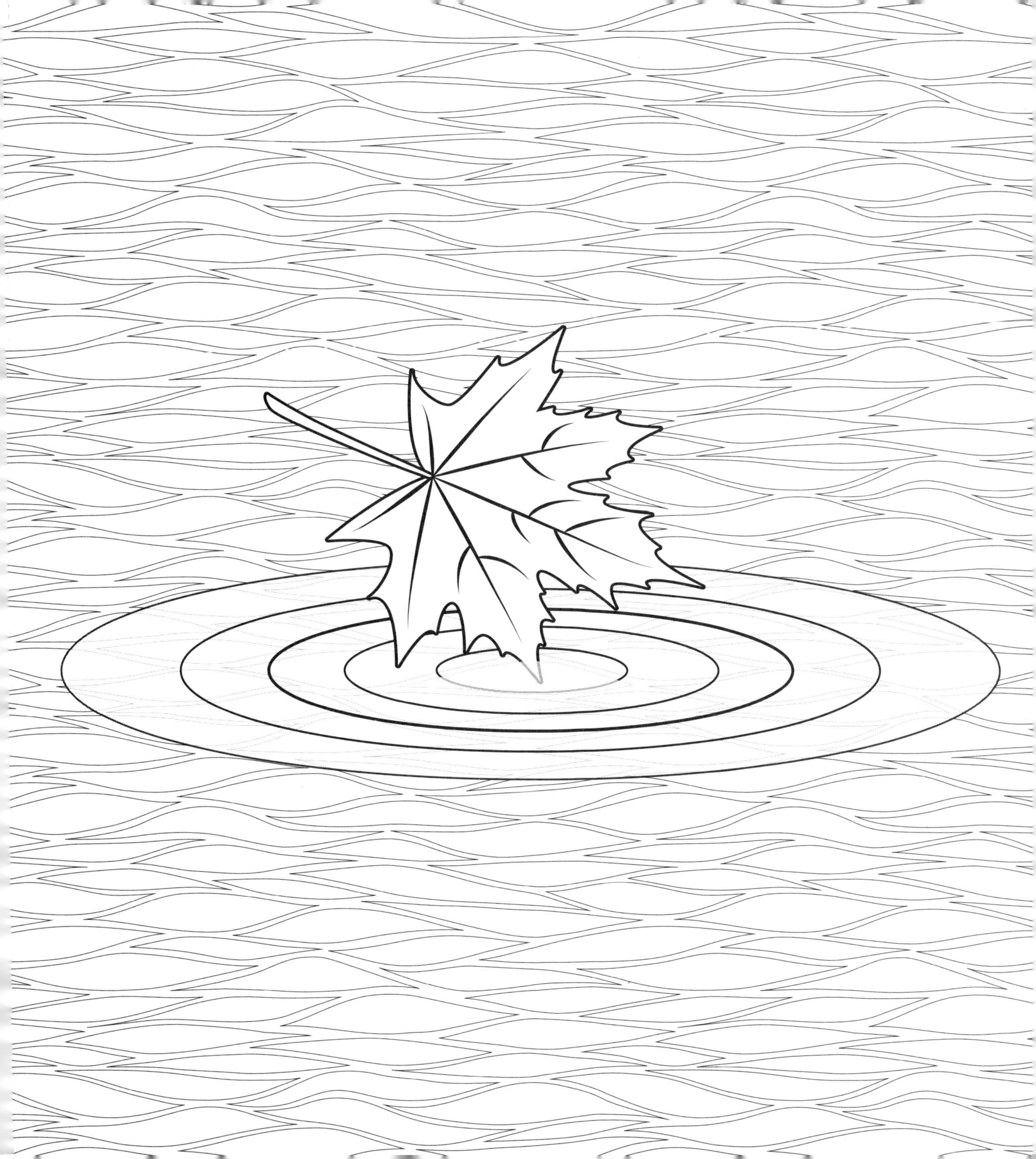

Oh Señor, sobre ellos vivirán tus piedades, Y á todos diré consistir en ellas la vida de mi espíritu; Pues tú me restablecerás, y me harás que viva.

—Isaías 38:16

HARÁS QUE

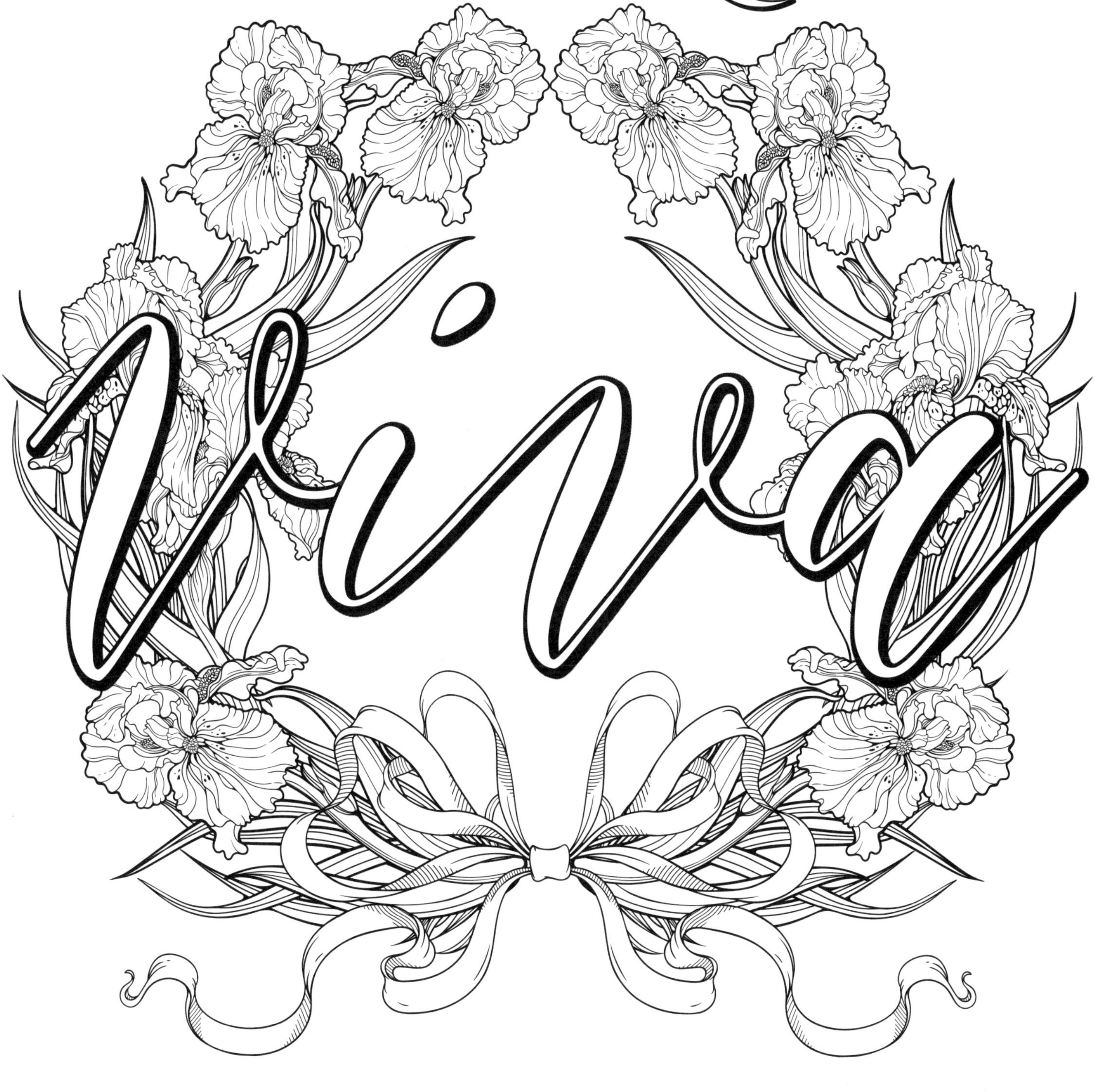

Me invocará, y yo le responderé: Con él estaré yo en la angustia: Lo libraré, y le glorificaré. Saciarélo de larga vida, Y mostraréle mi salud.

—Salmo 91:15

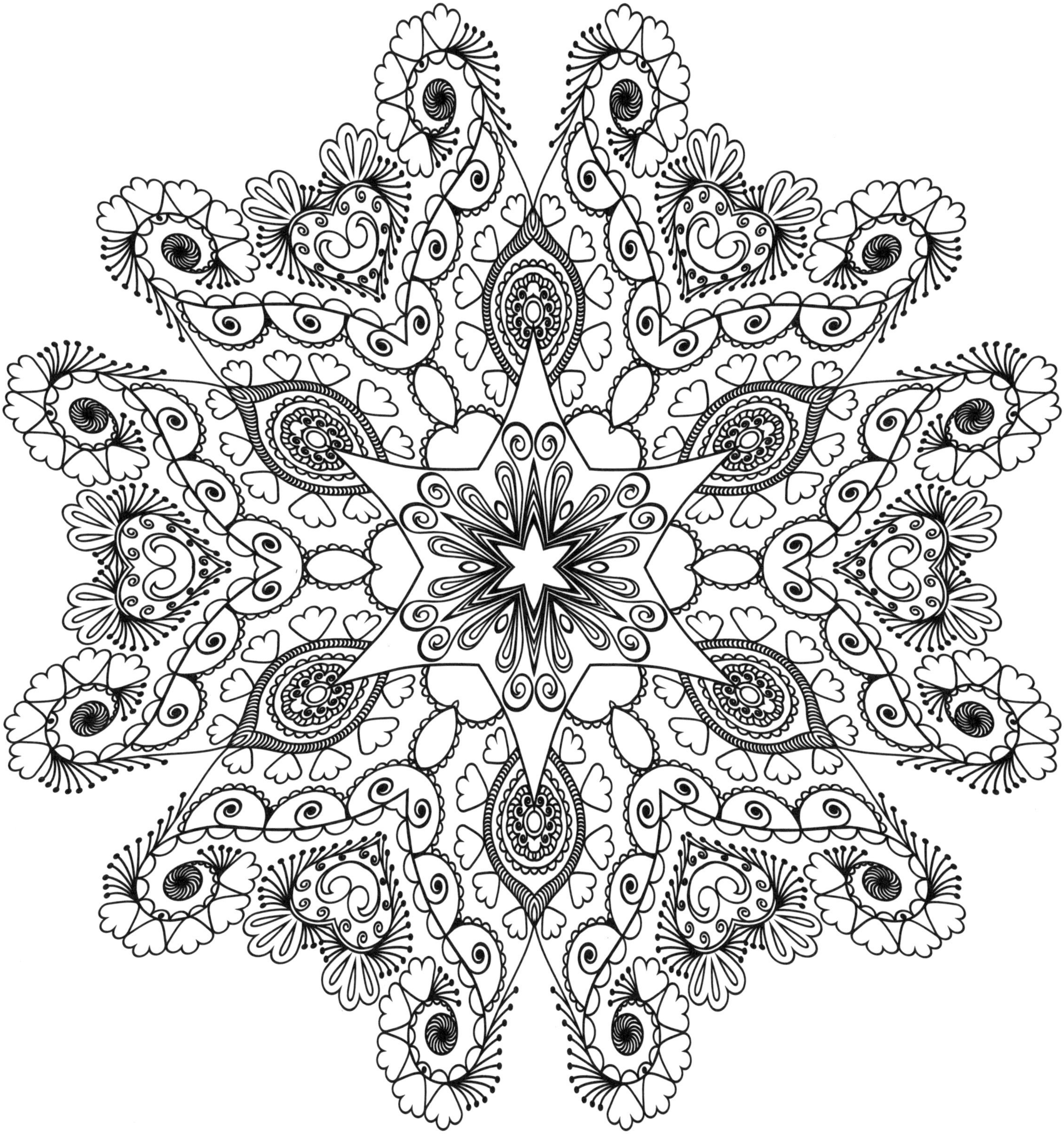

Sáname, oh Jehová, y seré sano; sálvame, y seré salvo:

porque tú eres mi alabanza.

—*Jeremías* 17:14

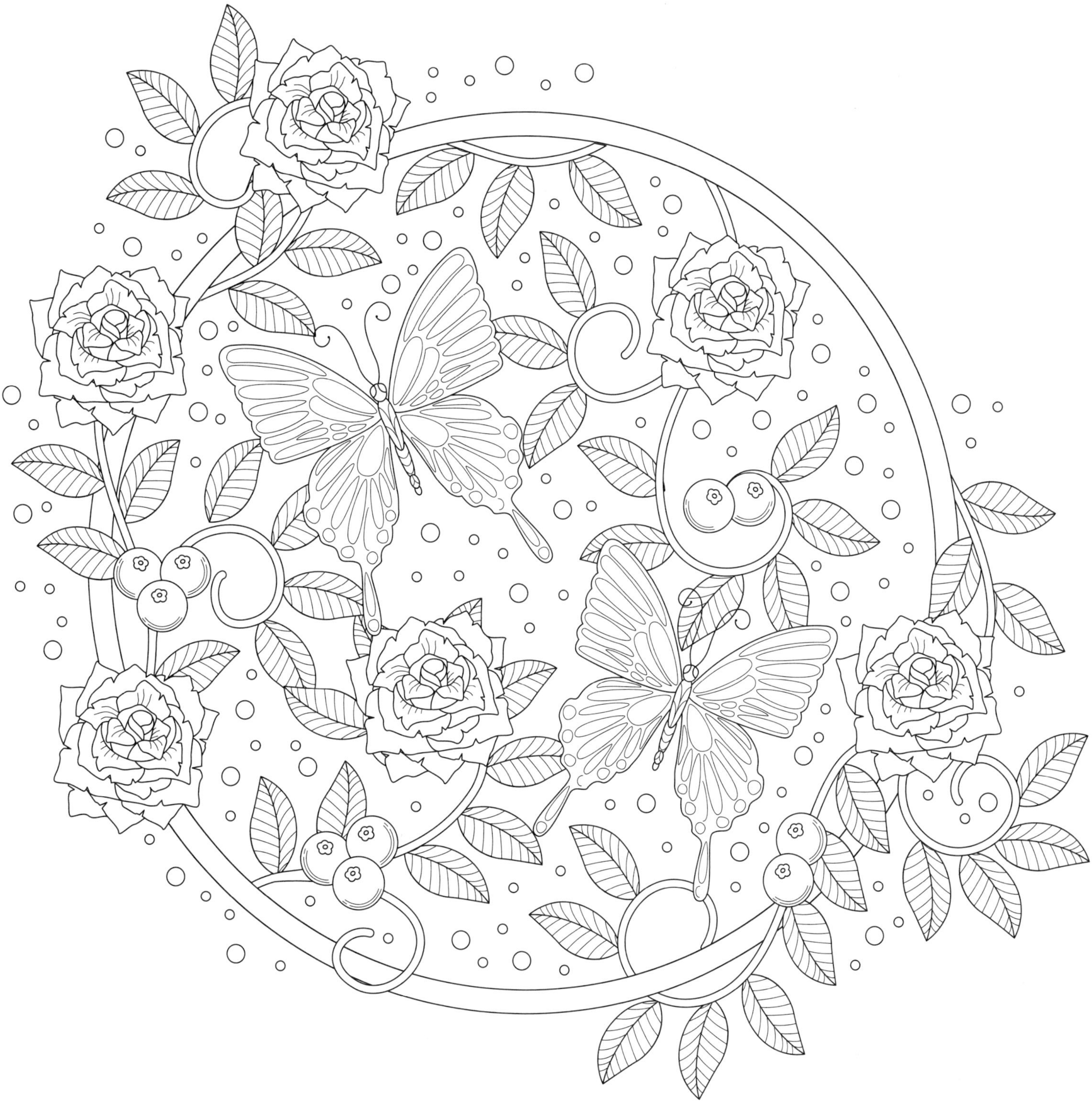

Mas yo haré venir sanidad para ti,

y te sanaré de tus heridas, dice Jehová.

—JEREMÍAS 30:17

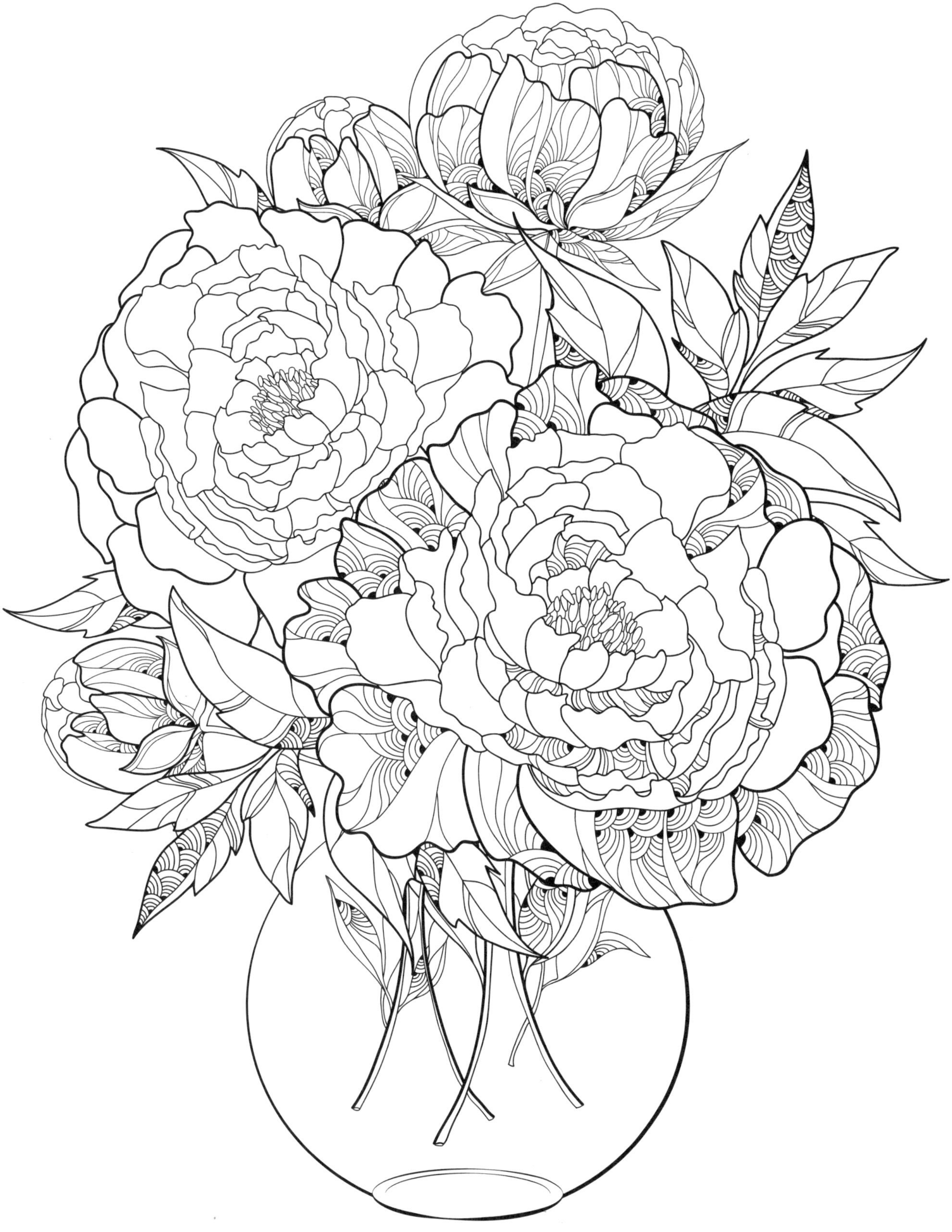

Y Jesús le dijo: Yo iré y le sanaré.

—Mateo 8:7

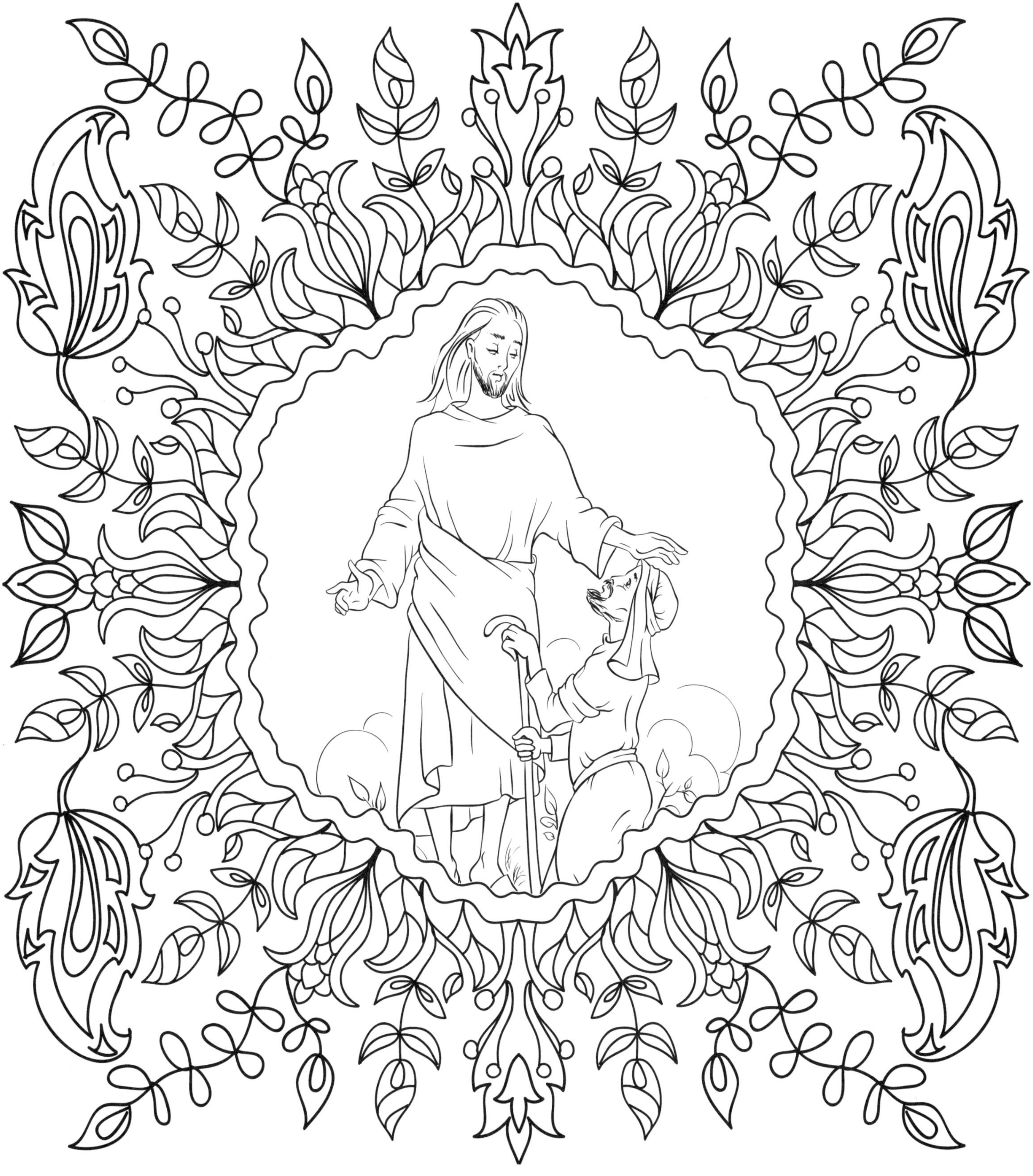

ENTONCES llamando a sus doce discípulos, les dio potestad contra los espíritus inmundos, para que los echasen fuera, y sanasen toda enfermedad y toda dolencia.

—Mateo 10:1

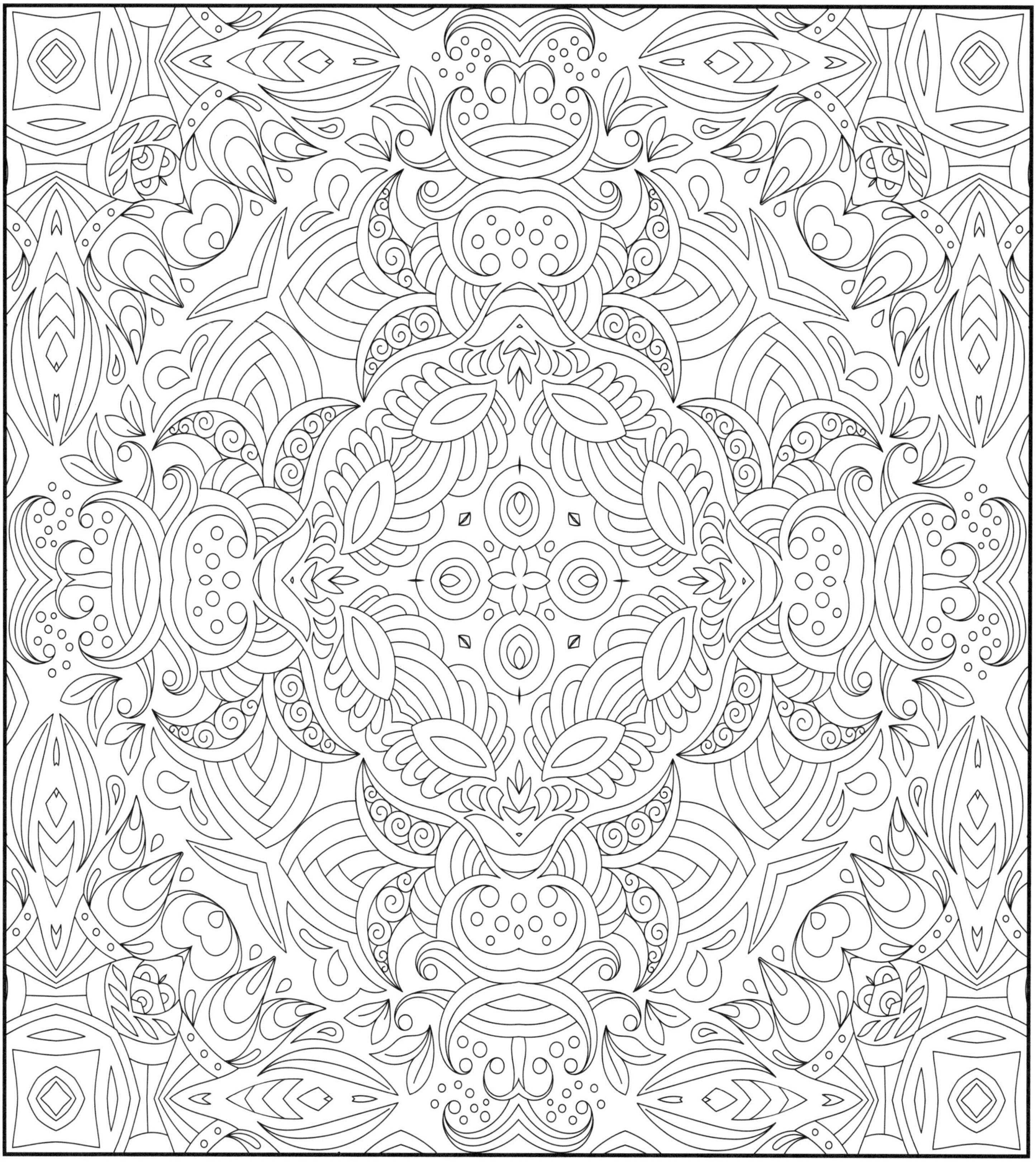

Él ha redimido en paz mi alma de la guerra contra mí;

Pues fueron contra mí muchos.

—*Salmo 55:18*

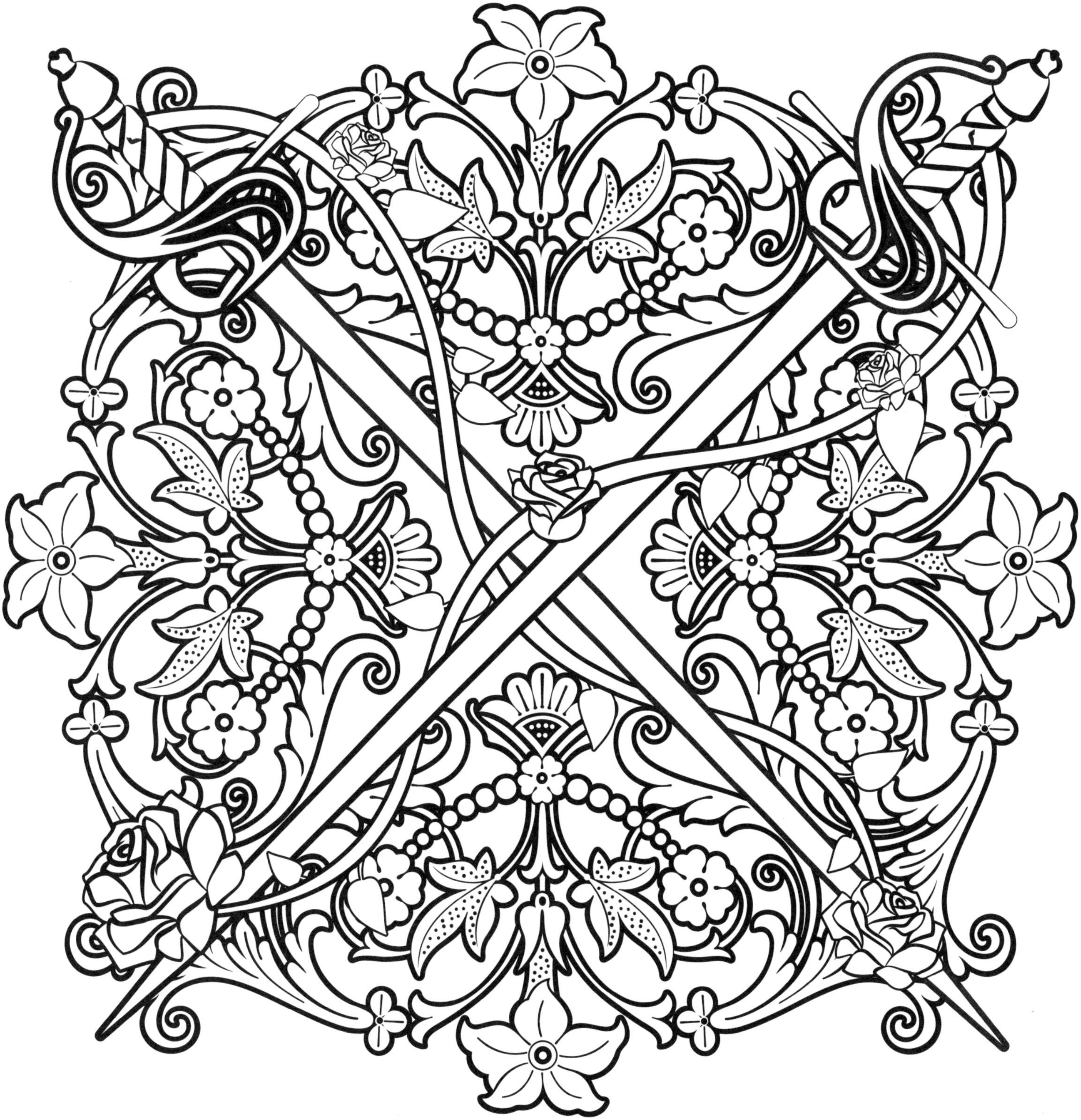

¿Por qué te abates, oh alma mía, Y por qué te conturbas en mí? Espera a Dios; porque aún le tengo de alabar; Es él salvamento delante de mí, y el Dios mío.

– Salmo 42:11

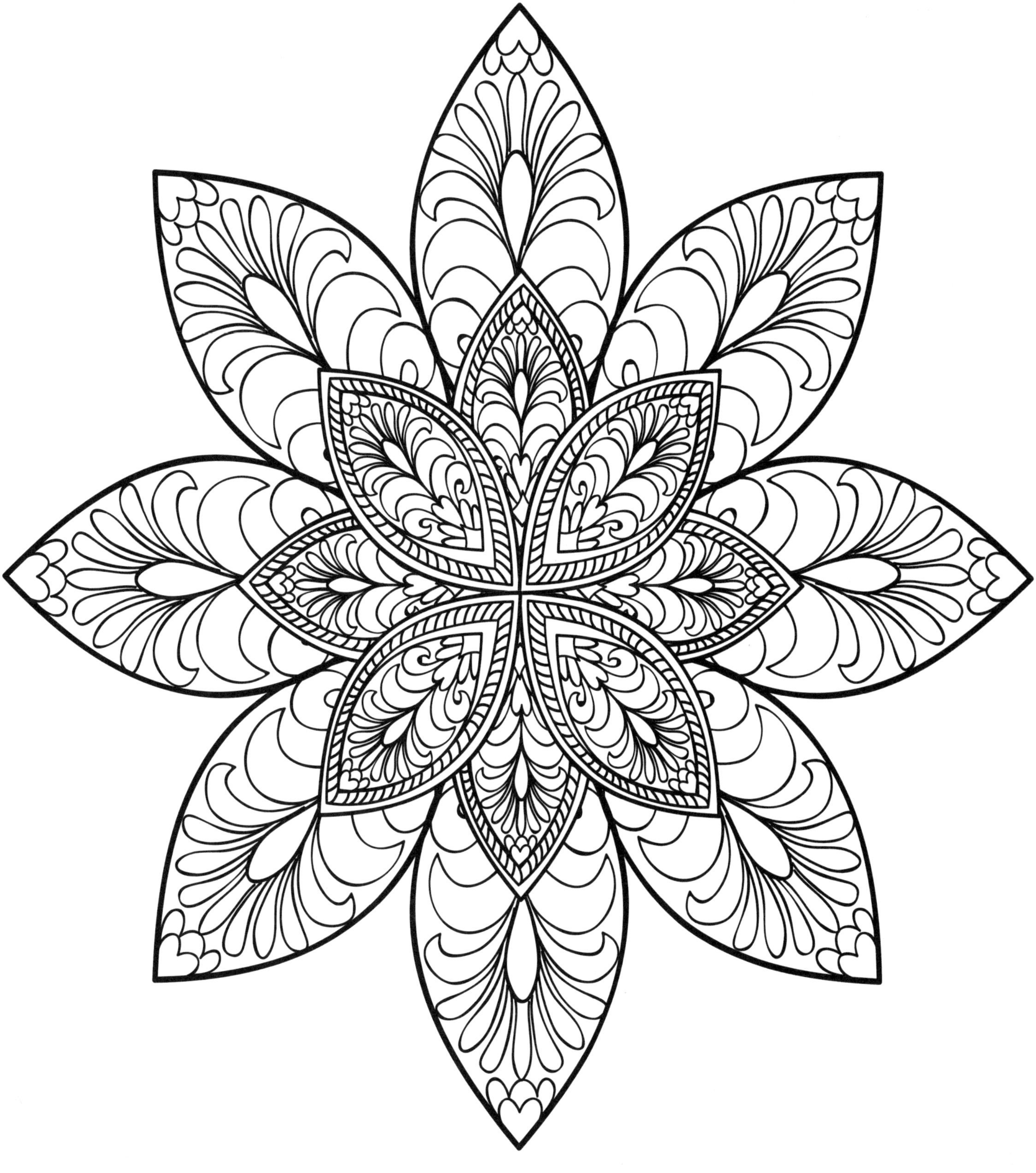

Panal de miel son los dichos suaves.

Suavidad al alma y medicina á los huesos.

—*Proverbios 16:24*

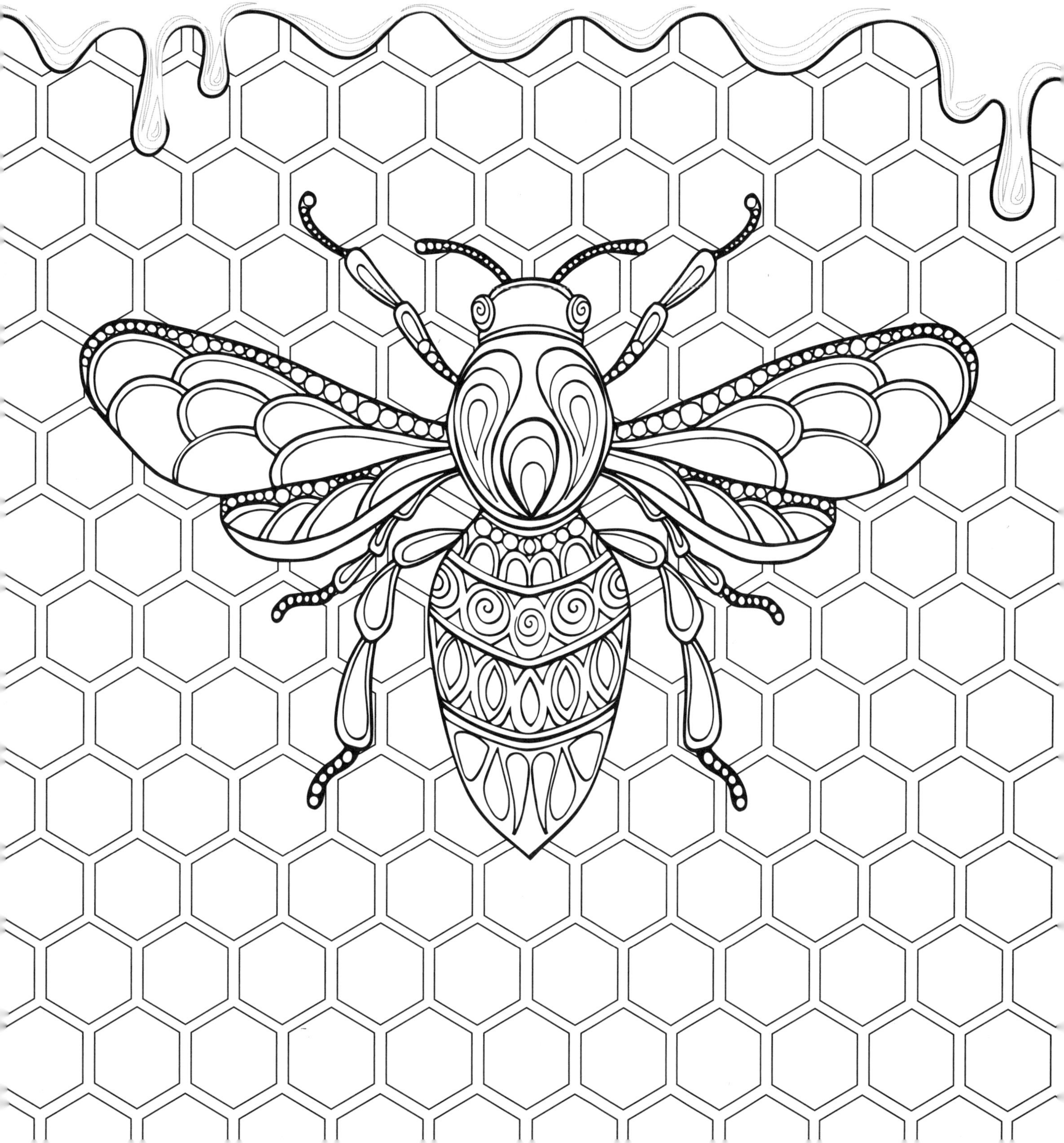

Aguarda a Jehová; Esfuérzate, y aliéntese

tu corazón: Sí, espera a Jehová.

—Salmo 27:14

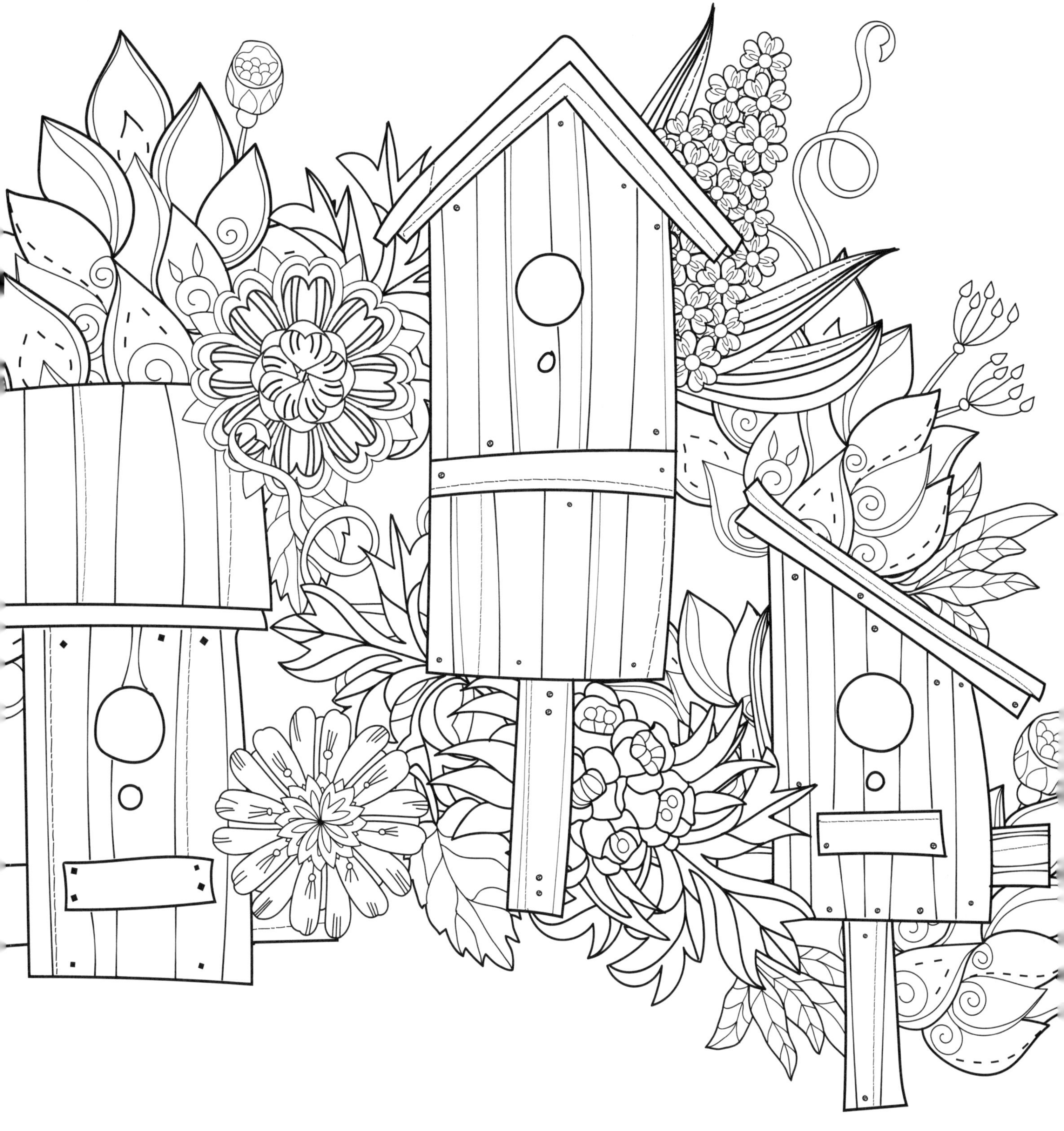

El da esfuerzo al cansado, y multiplica las

fuerzas al que no tiene ningunas.

—Isaías 40:29

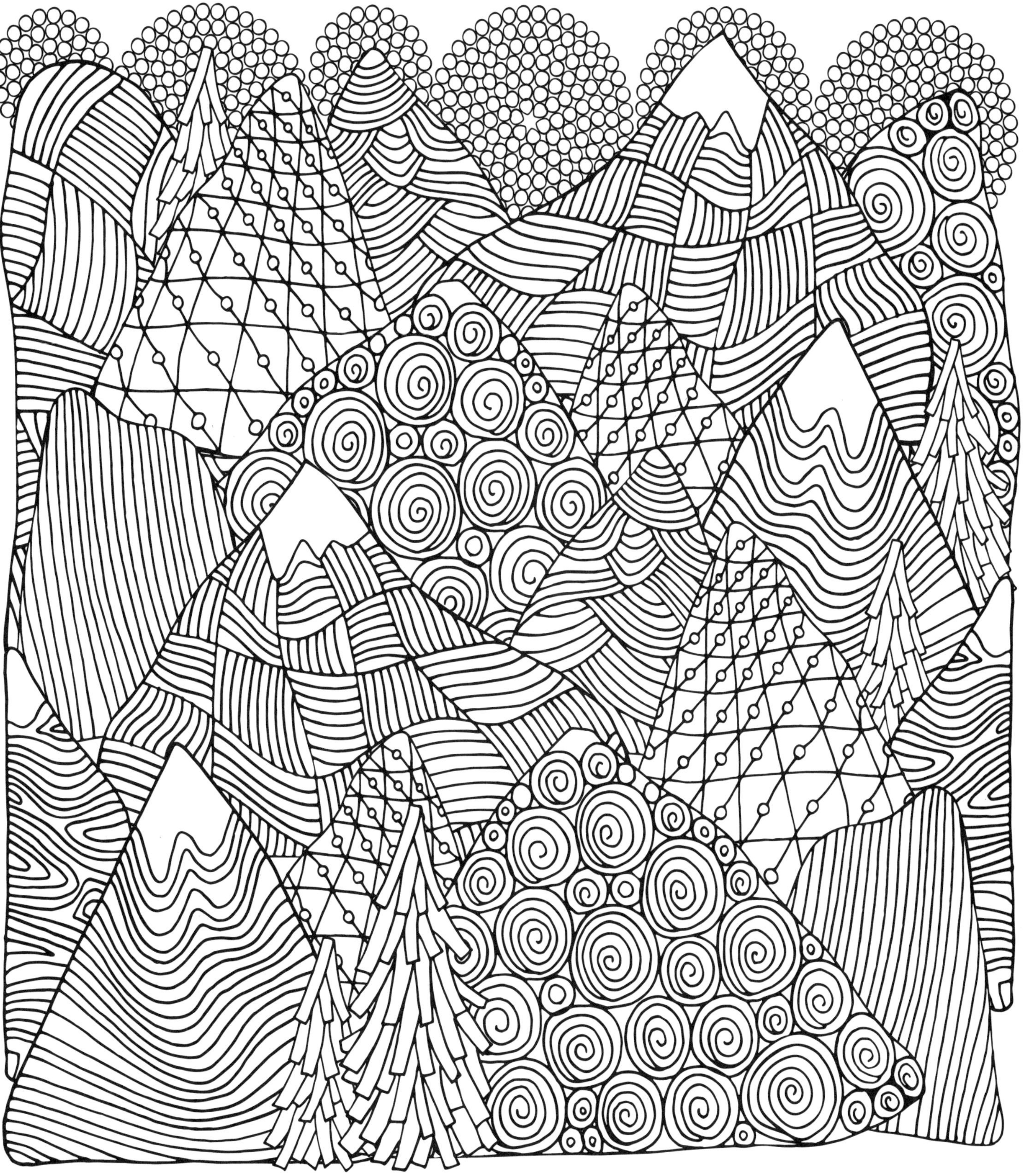

Esforzaos todos vosotros los que esperáis en Jehová.

—Salmo 31:24

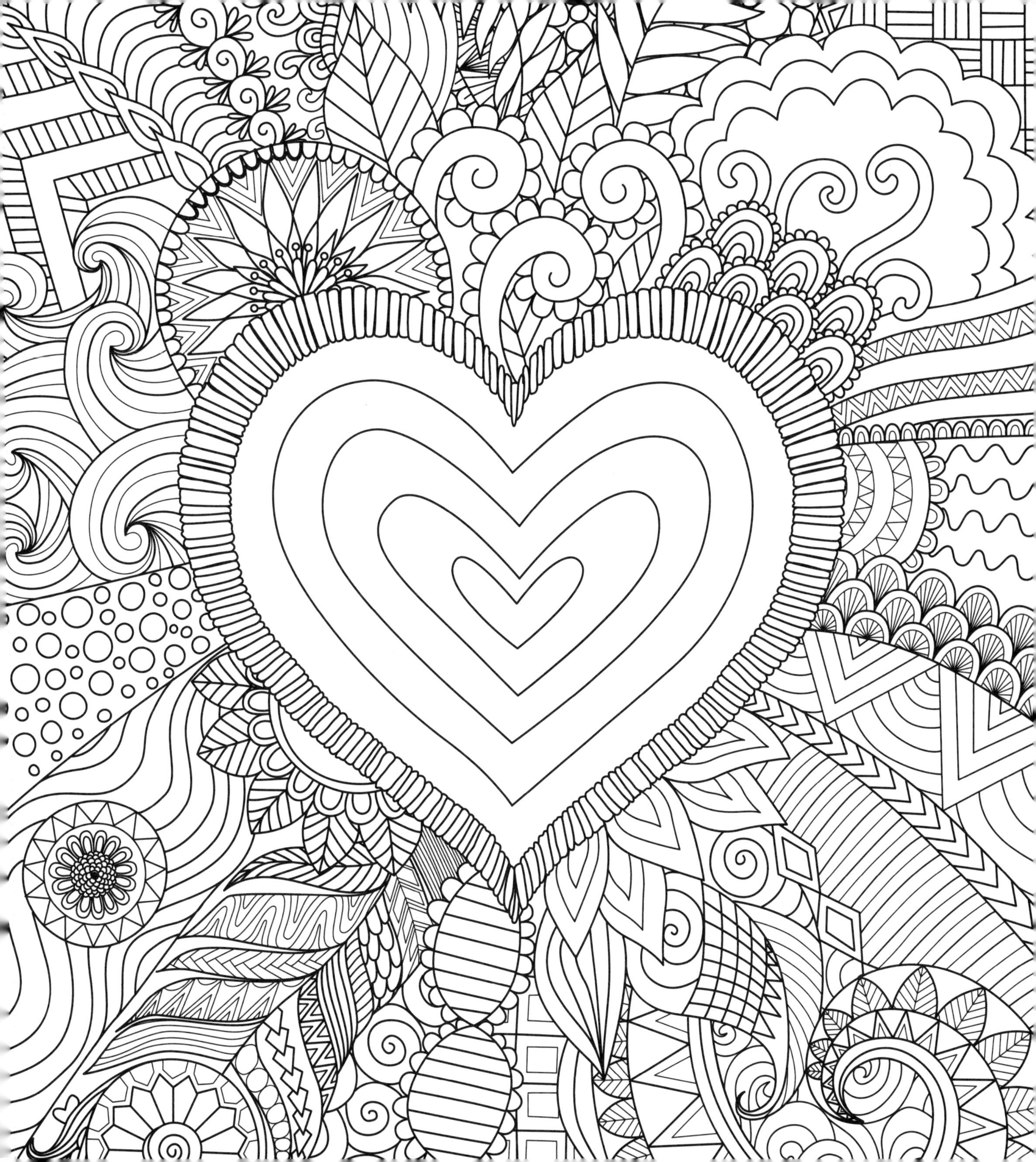

Y Él le dijo: Hija, tu fe te ha hecho salva:

ve en paz, y queda sana de tu azote.

—*Marcos* 5:34

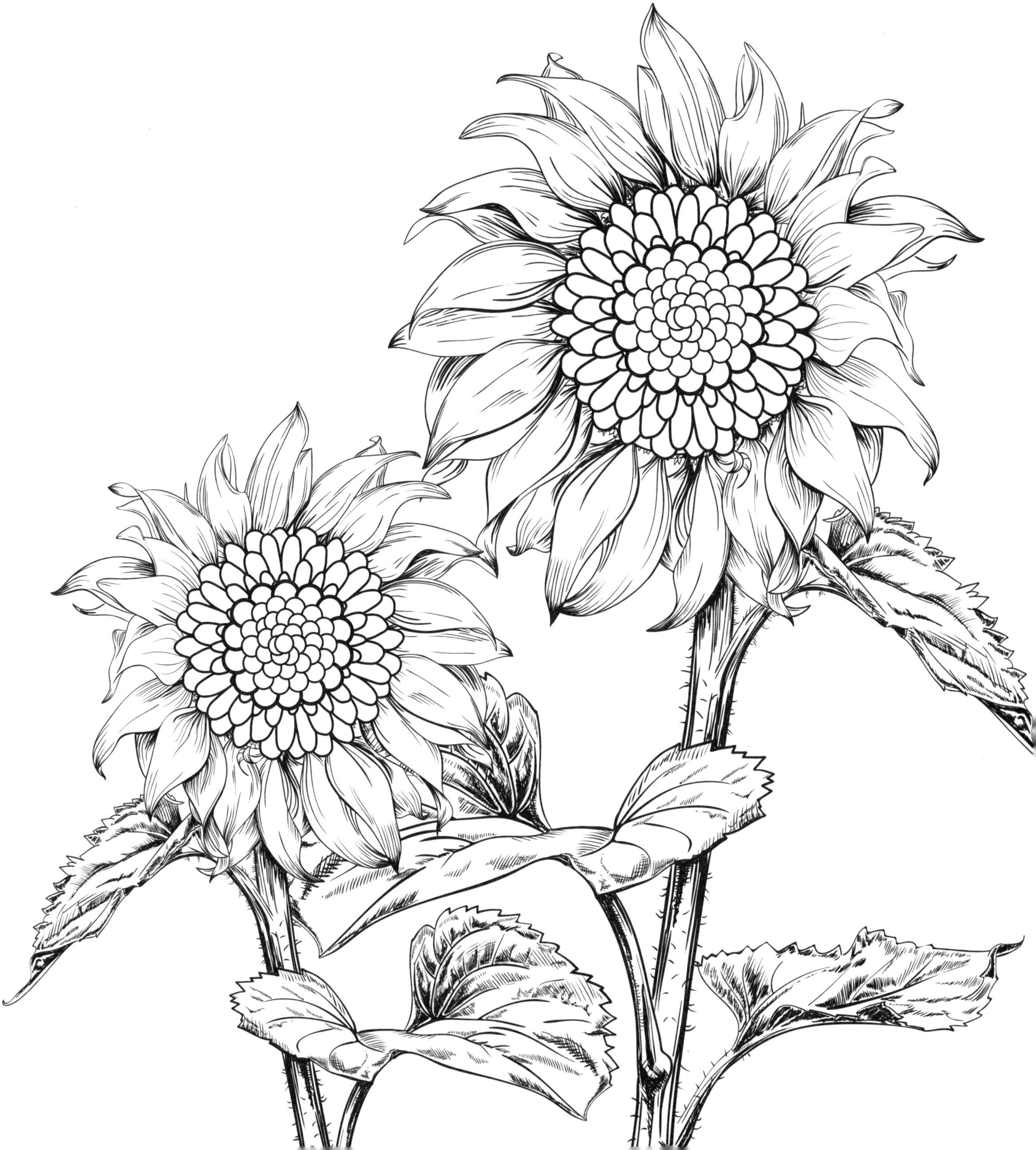

Jehová es mi fortaleza y mi escudo: En él esperó mi corazón, y fuí ayudado; Por lo que se gozó mi corazón, Y con mi canción le alabaré.

—Salmo 28:7

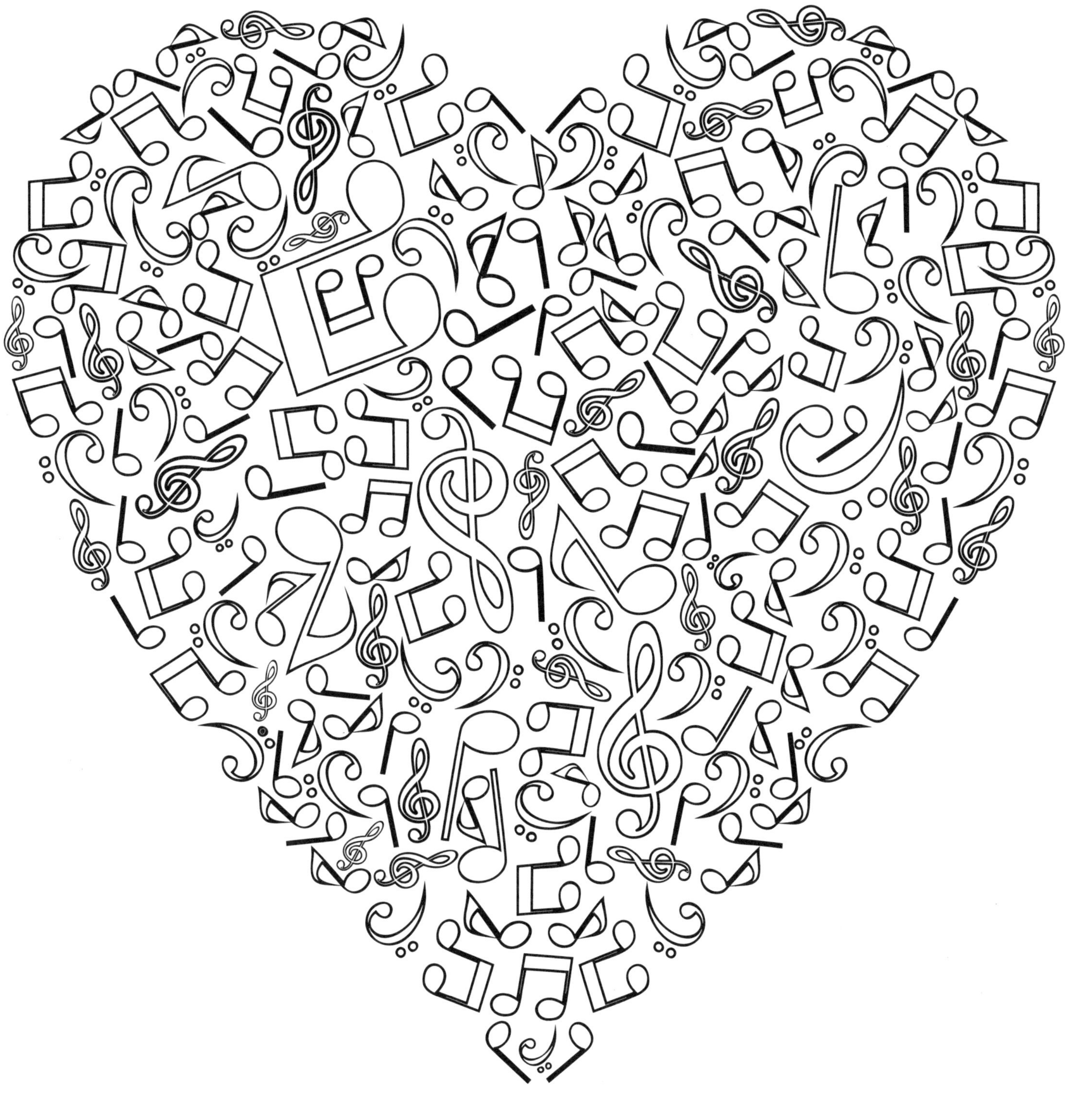

El corazón alegre produce buena disposición:

Mas el espíritu triste seca los huesos.

—PROVERBIOS 17:22

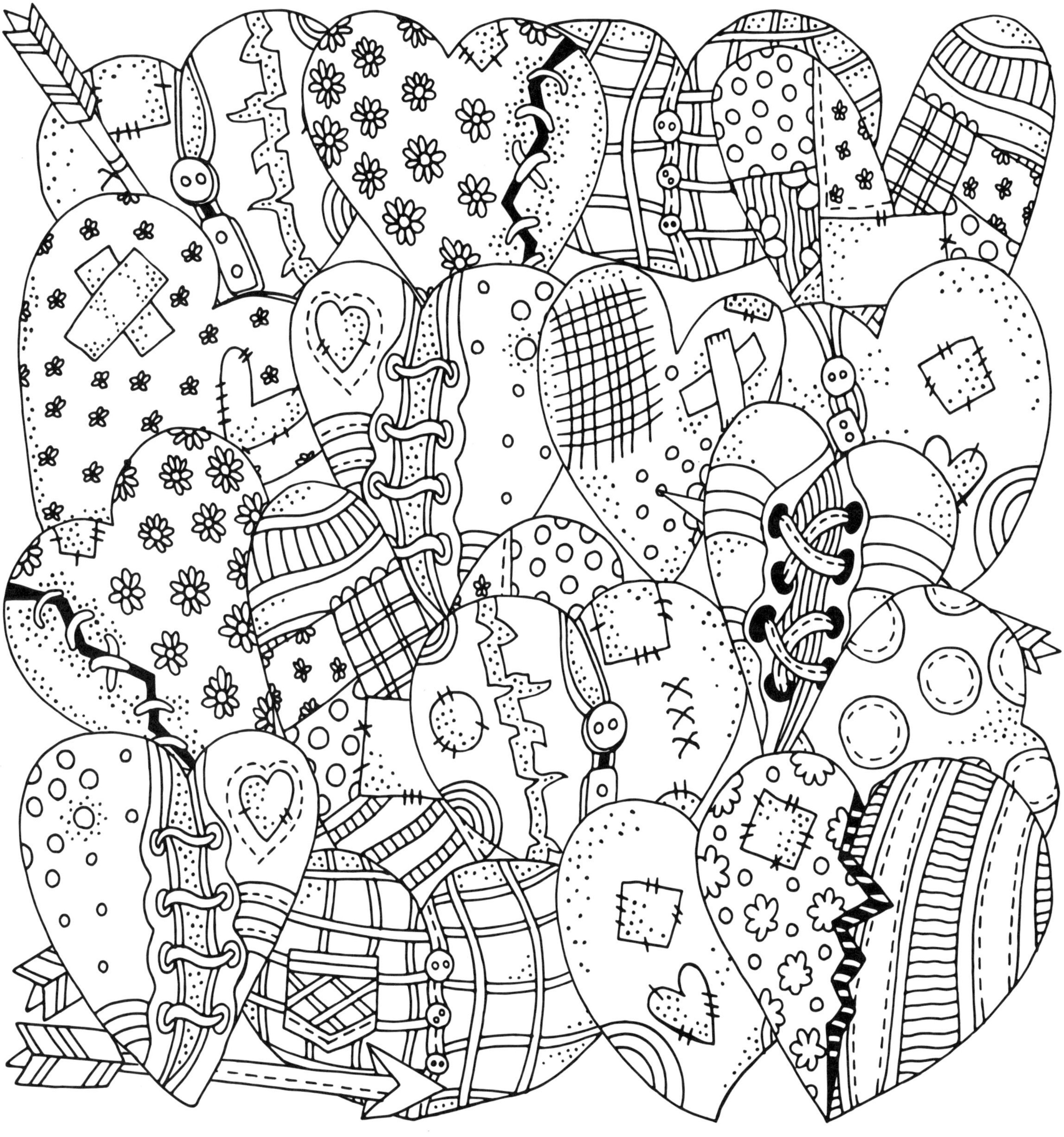

Y rodeaba Jesús por todas las ciudades y aldeas, enseñando en las sinagogas de ellos, y predicando el evangelio del reino, y sanando toda enfermedad y todo achaque en el pueblo.

—Mateo 9:35

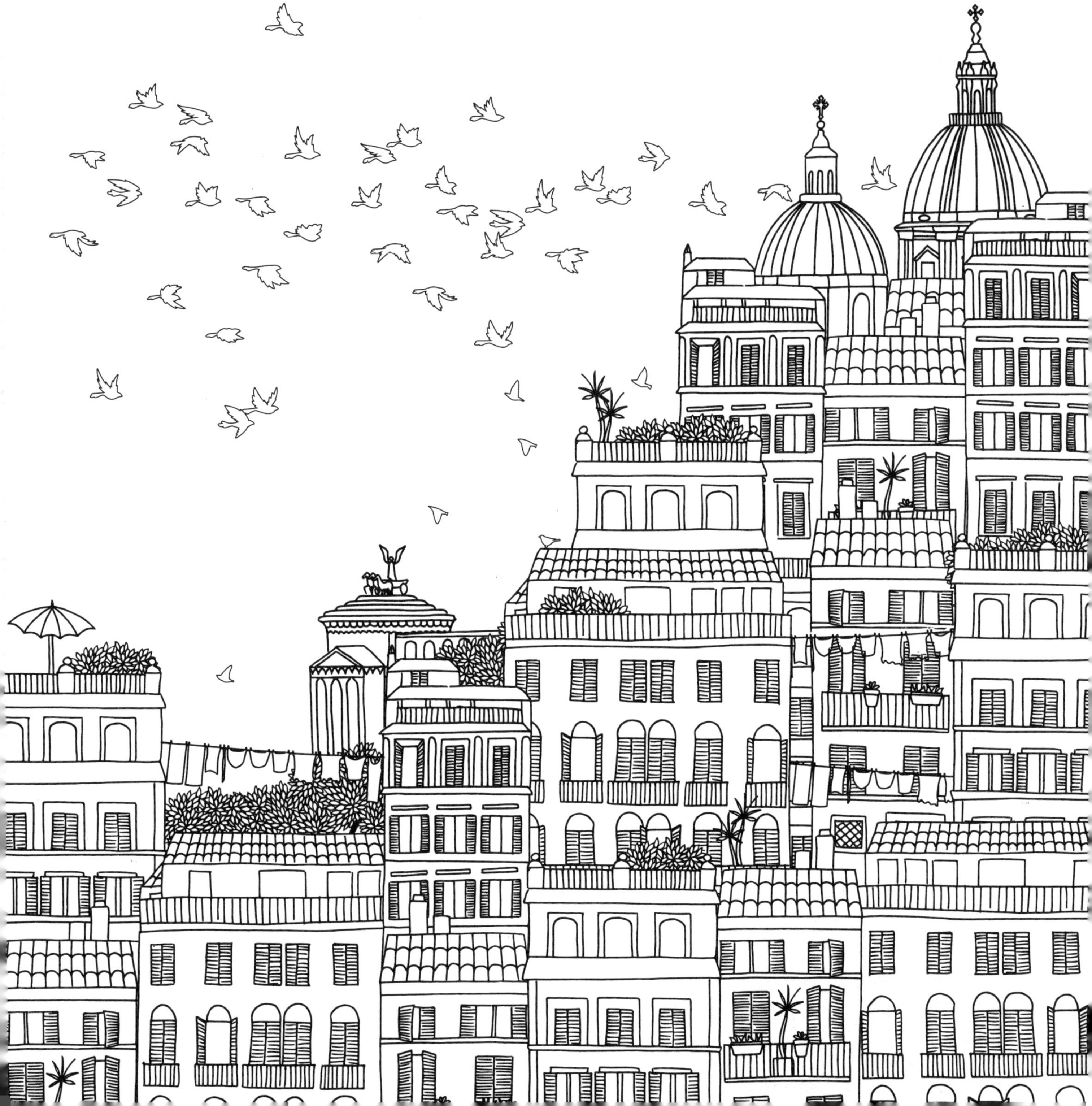

Echa sobre Jehová tu carga, y él te sustentará;

No dejará para siempre caído al justo.

—Salmo 55:22

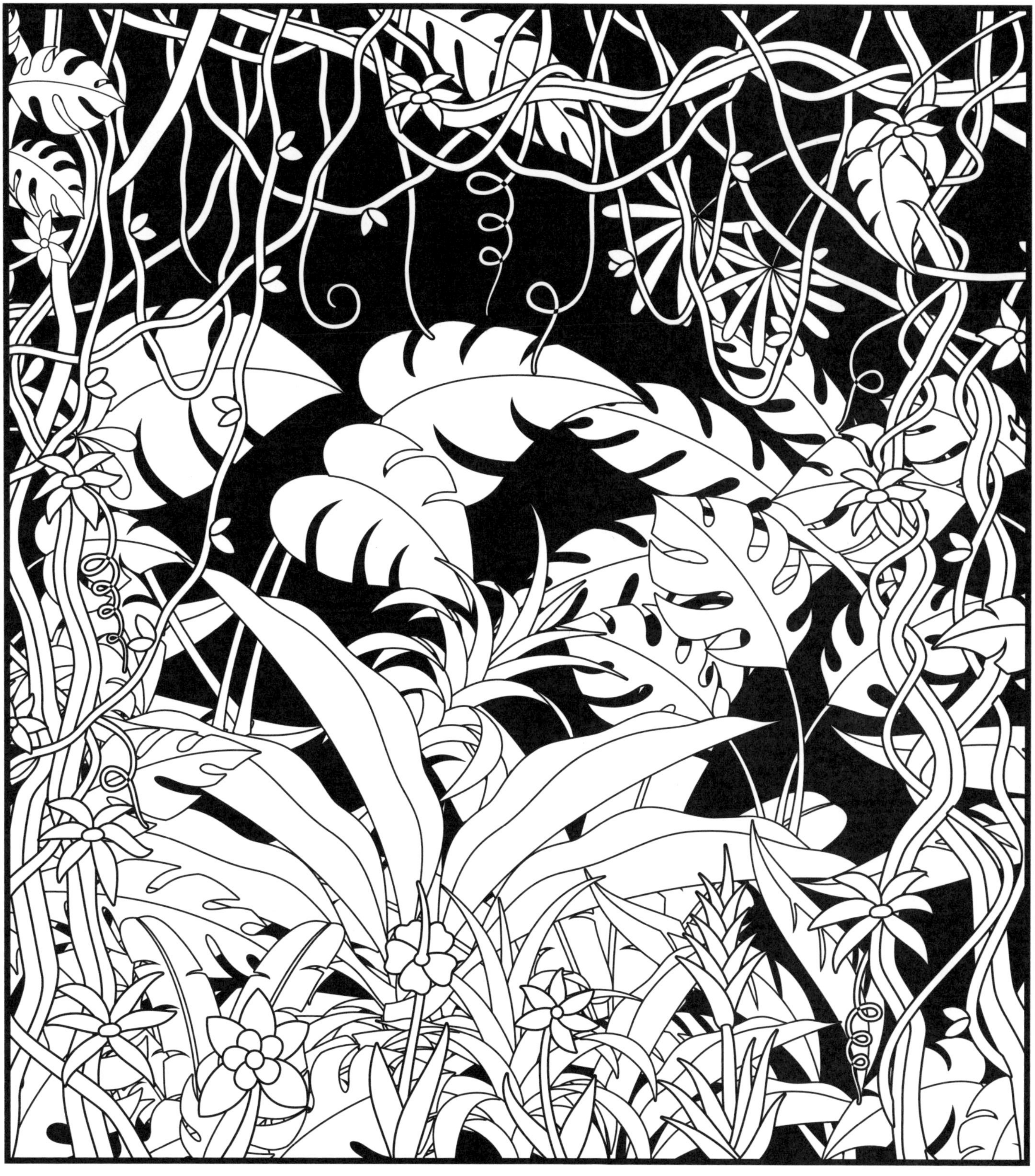

Confesaos vuestras faltas unos a otros, y rogad los unos por los otros, para que seáis sanos; la oración del justo, obrando eficazmente, puede mucho.

—*Santiago* 5:16

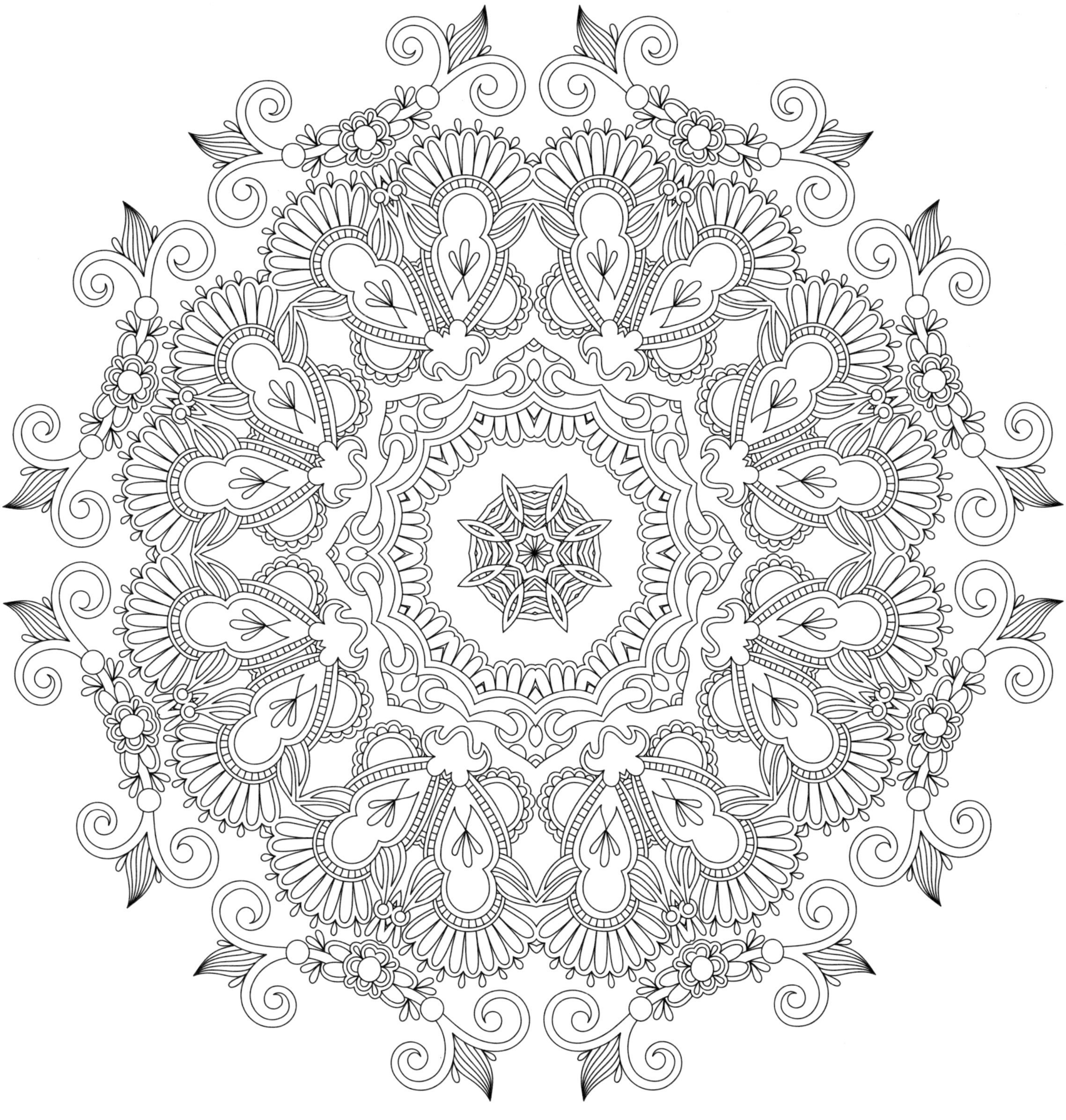

El cual mismo llevó nuestros pecados en su cuerpo sobre el madero, para que nosotros siendo muertos a los pecados, vivamos a la justicia: por la herida del cual habéis sido sanados.

—1 Pedro 2:24

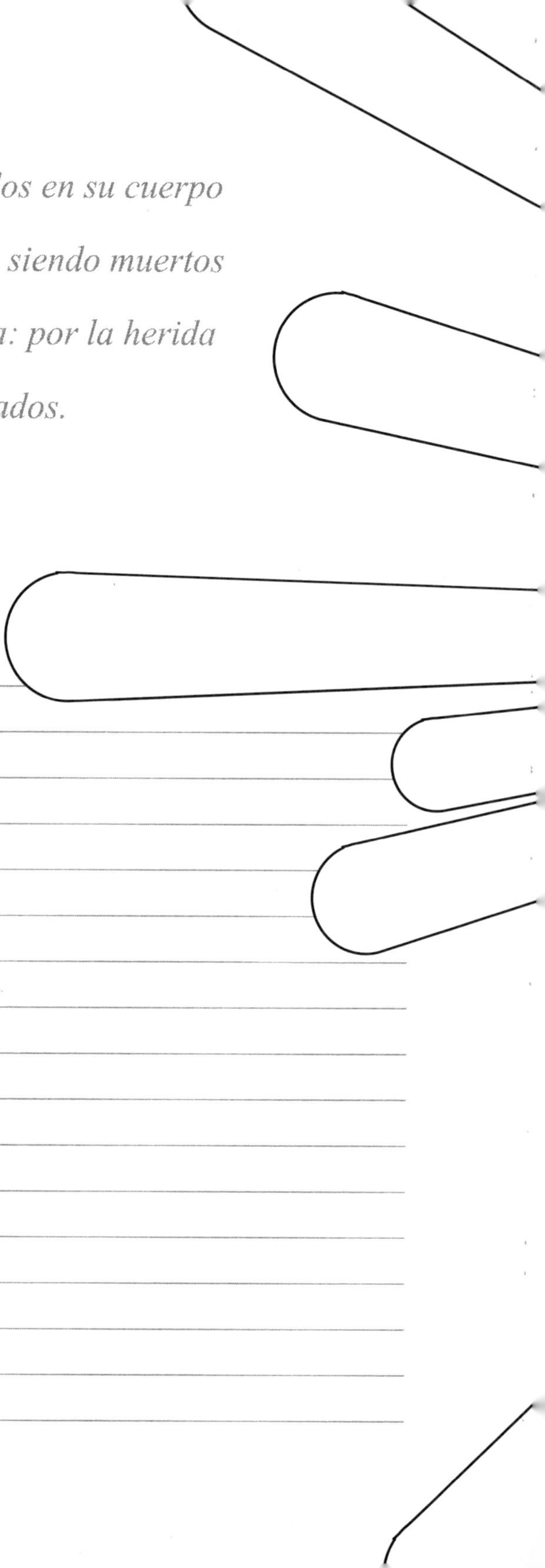

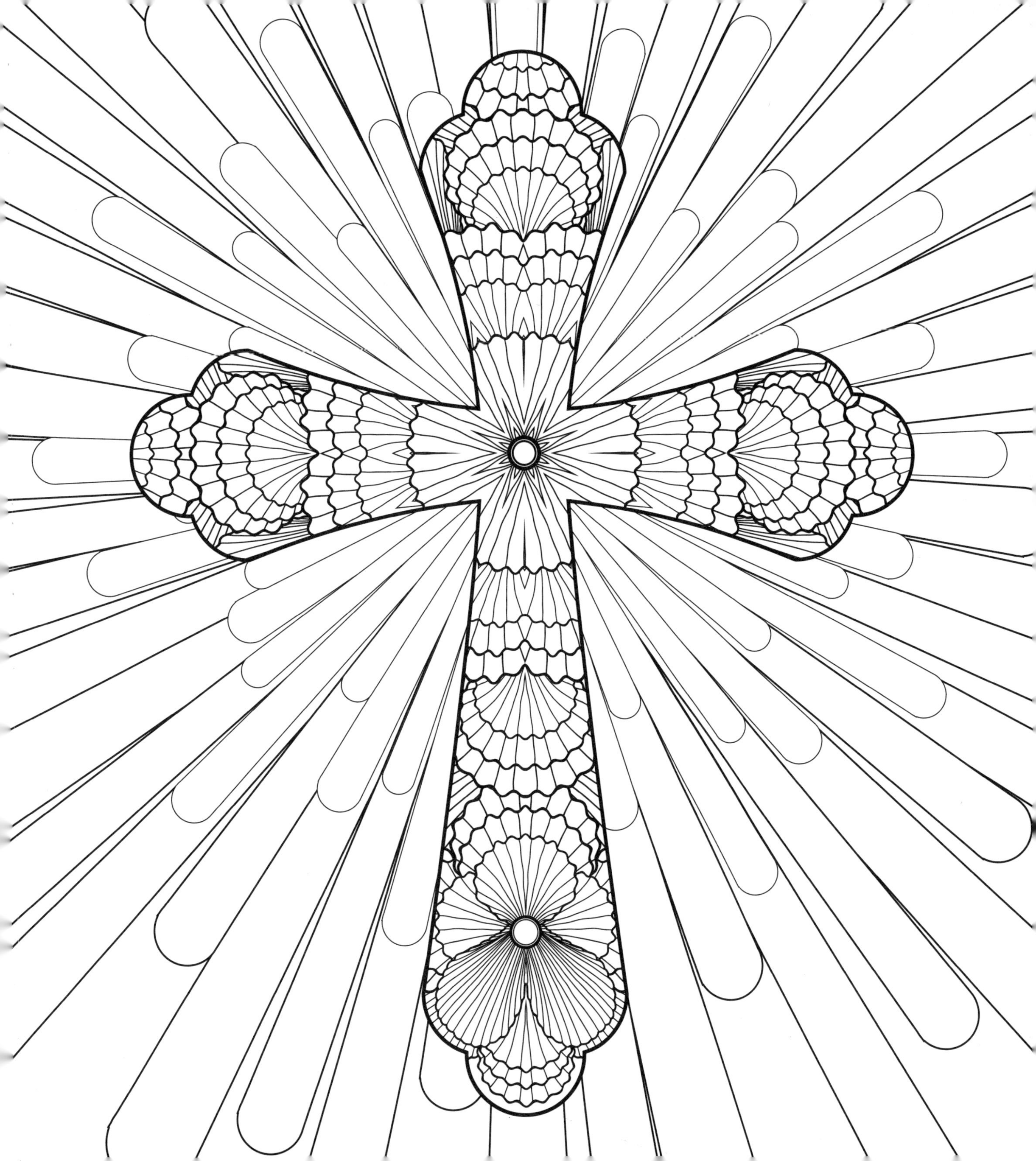

Amado, yo deseo que tú seas prosperado en todas cosas, y que tengas salud, así como tu alma está en prosperidad.

—3 Juan 2

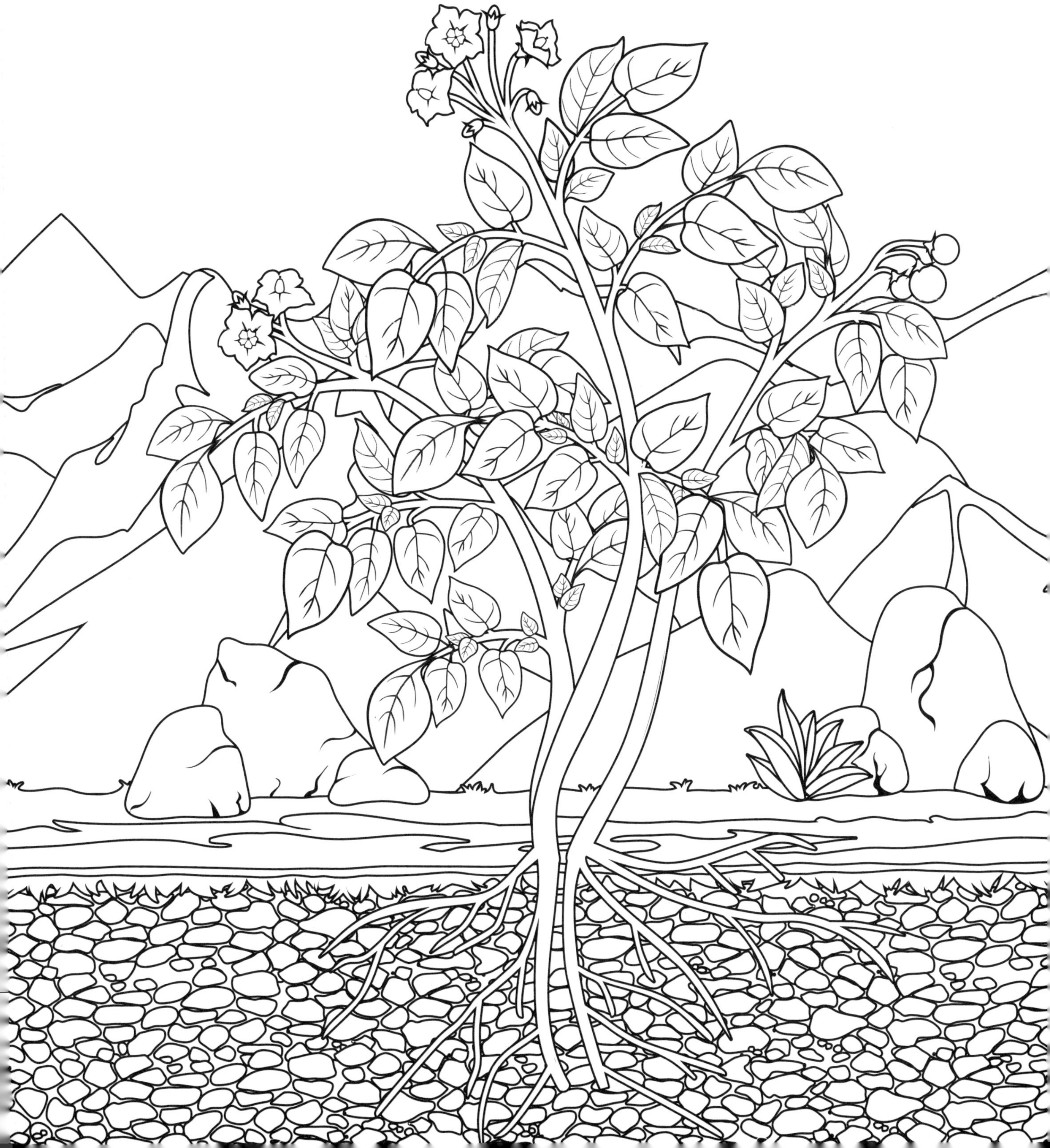

Mas los que esperan a Jehová tendrán nuevas fuerzas;

levantarán las alas como águilas, correrán, y no se cansarán,

caminarán, y no se fatigarán.

—Isaías 40:31

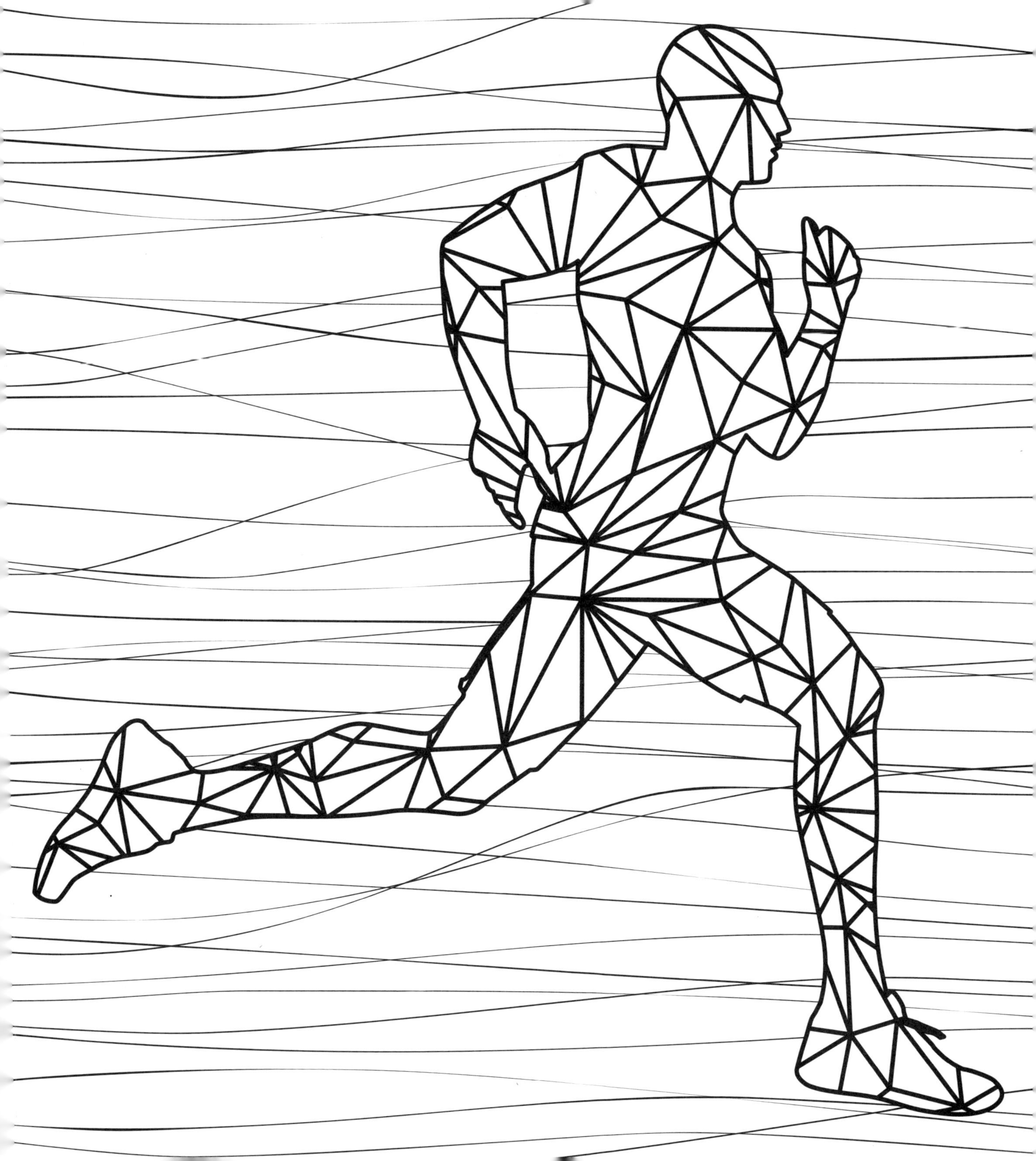

¿Está alguno enfermo entre vosotros? llame a los ancianos de la iglesia, y oren por él, ungiéndole con aceite en el nombre del Señor.

—*Santiago 5:14*

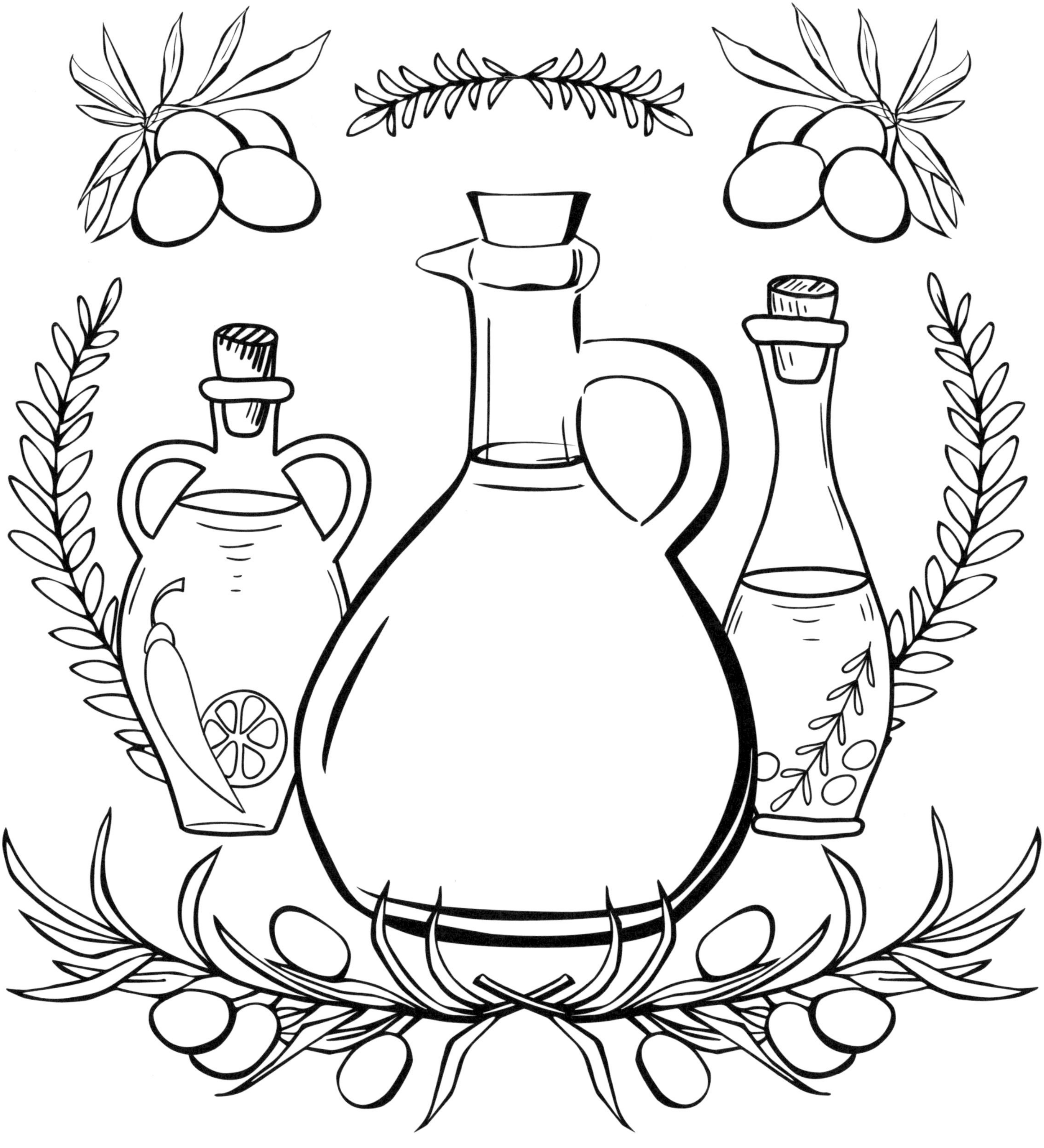

Venid a mí todos los que estáis trabajados y cargados, que yo os haré descansar.

—Mateo 11:28

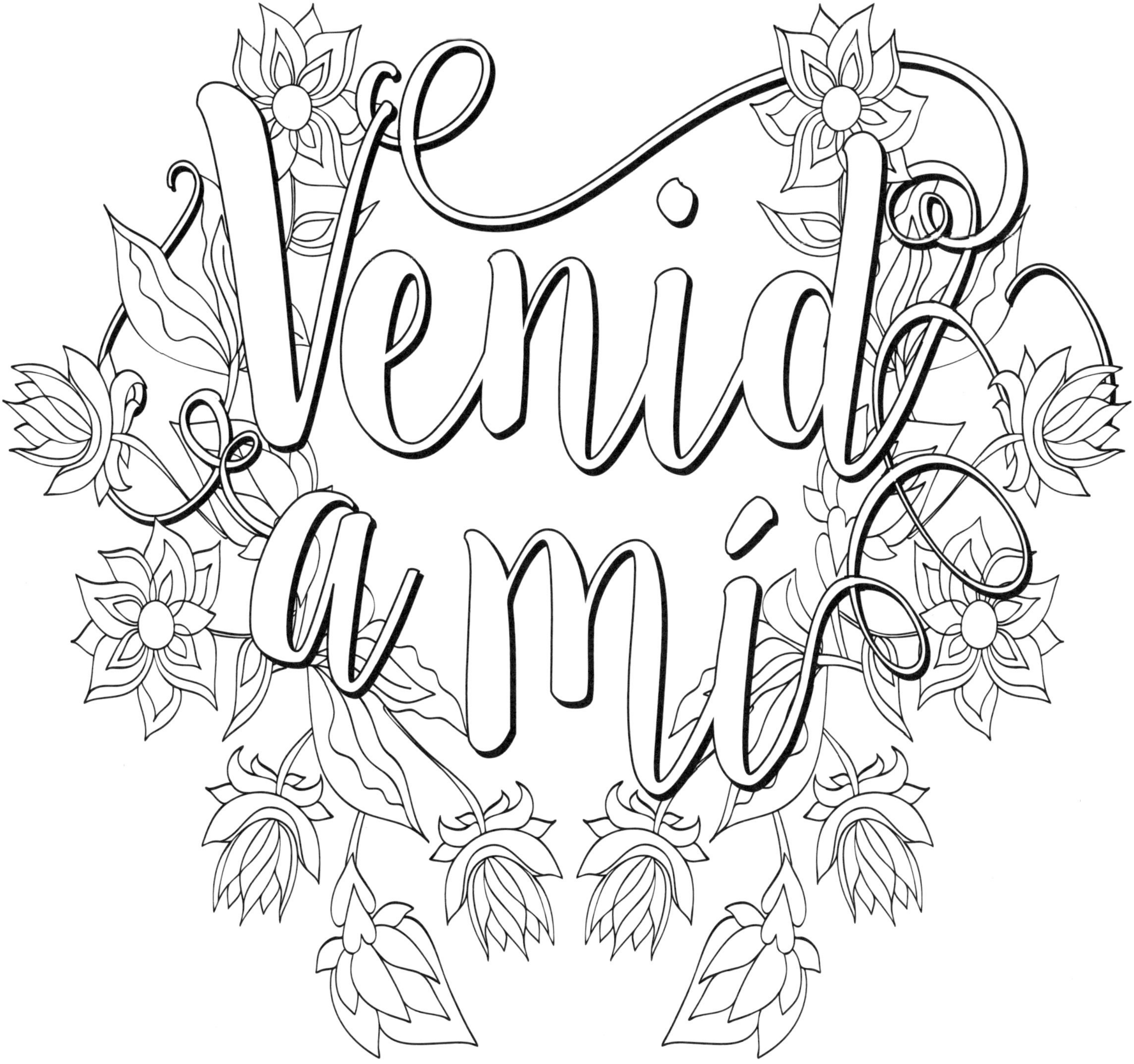
Venid
a mí

Mi Dios, pues, suplirá todo lo que os falta conforme

a sus riquezas en gloria en Cristo Jesús.

—Filipenses 4:19

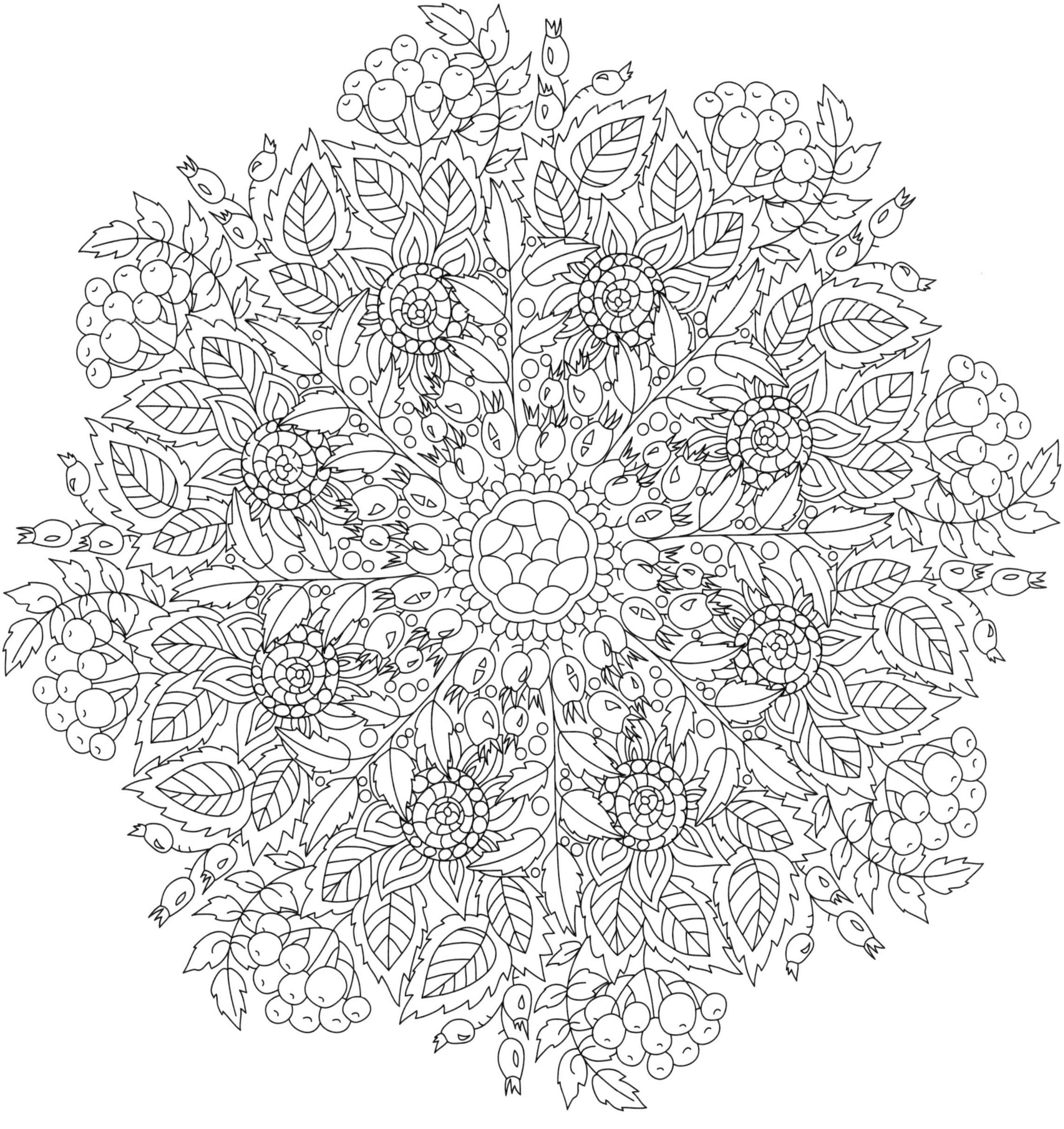

Hijo mío, está atento a mis palabras; Inclina tu oído a mis razones. No se aparten de tus ojos; Guárdalas en medio de tu corazón. Porque son vida a los que las hallan, Y medicina a toda su carne.

—Proverbios 4:20-22

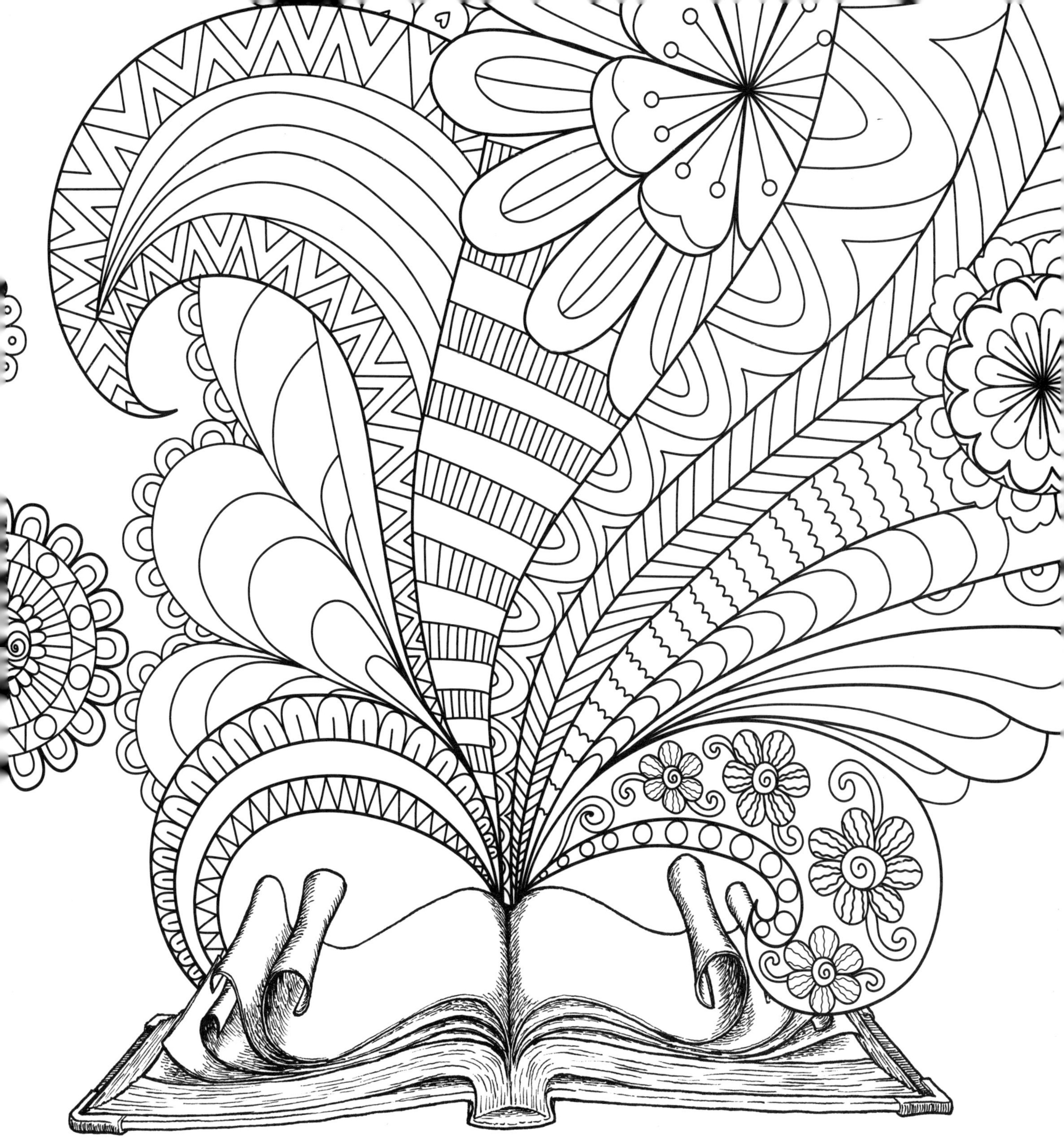

Mas clamaron a Jehová en su angustia, Y salvólos de sus aflicciones. Envió su palabra, y curólos, Y librólos de su ruina. Alaben la misericordia de Jehová, Y sus maravillas para con los hijos de los hombres:

—Salmo 107:19-21

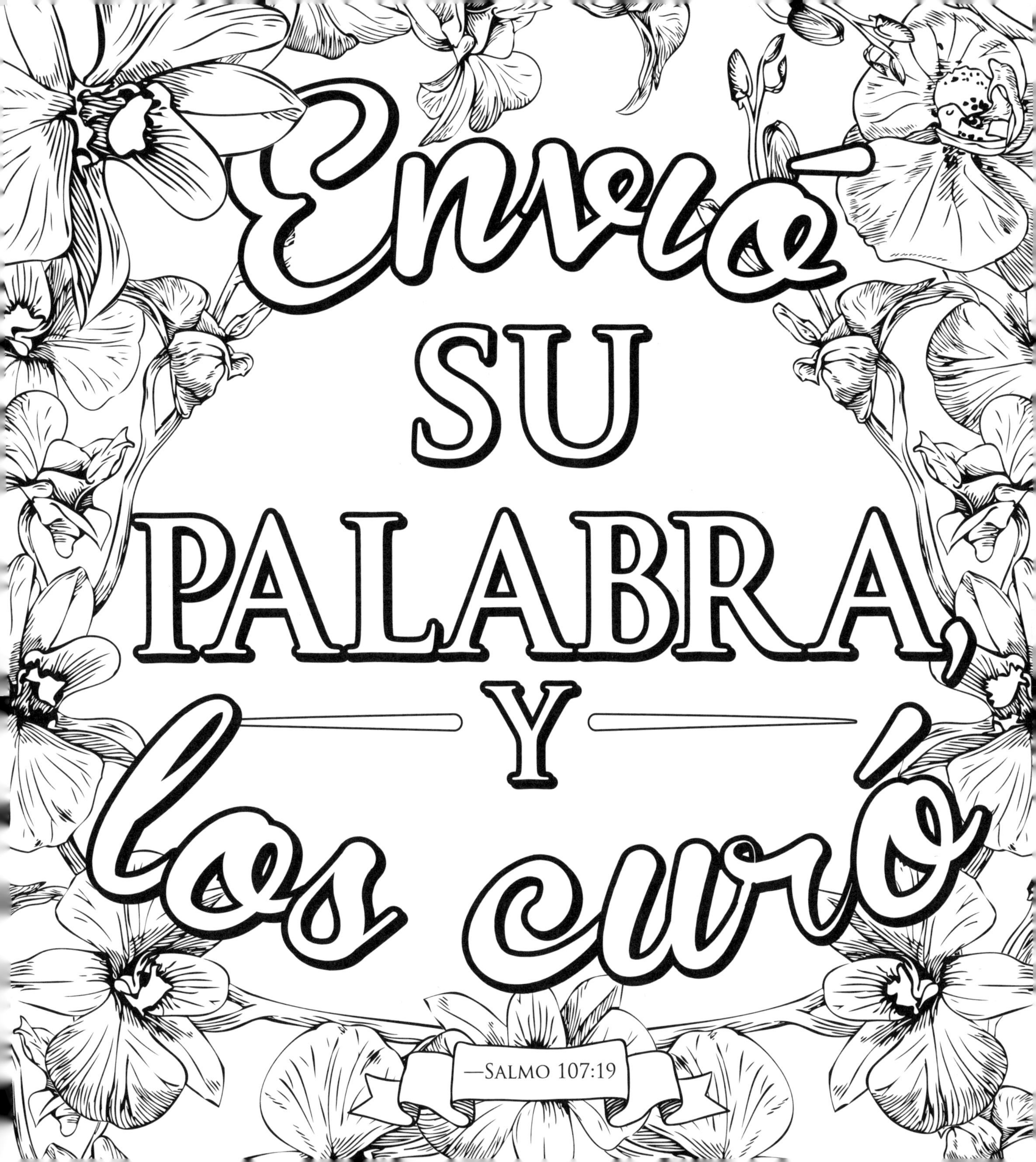
Envió
SU
PALABRA,
Y
los curó
—Salmo 107:19

Mas a Jehová vuestro Dios serviréis, y él bendecirá tu pan y tus aguas; y yo quitaré toda enfermedad de en medio de ti.

—Éxodo 23:25

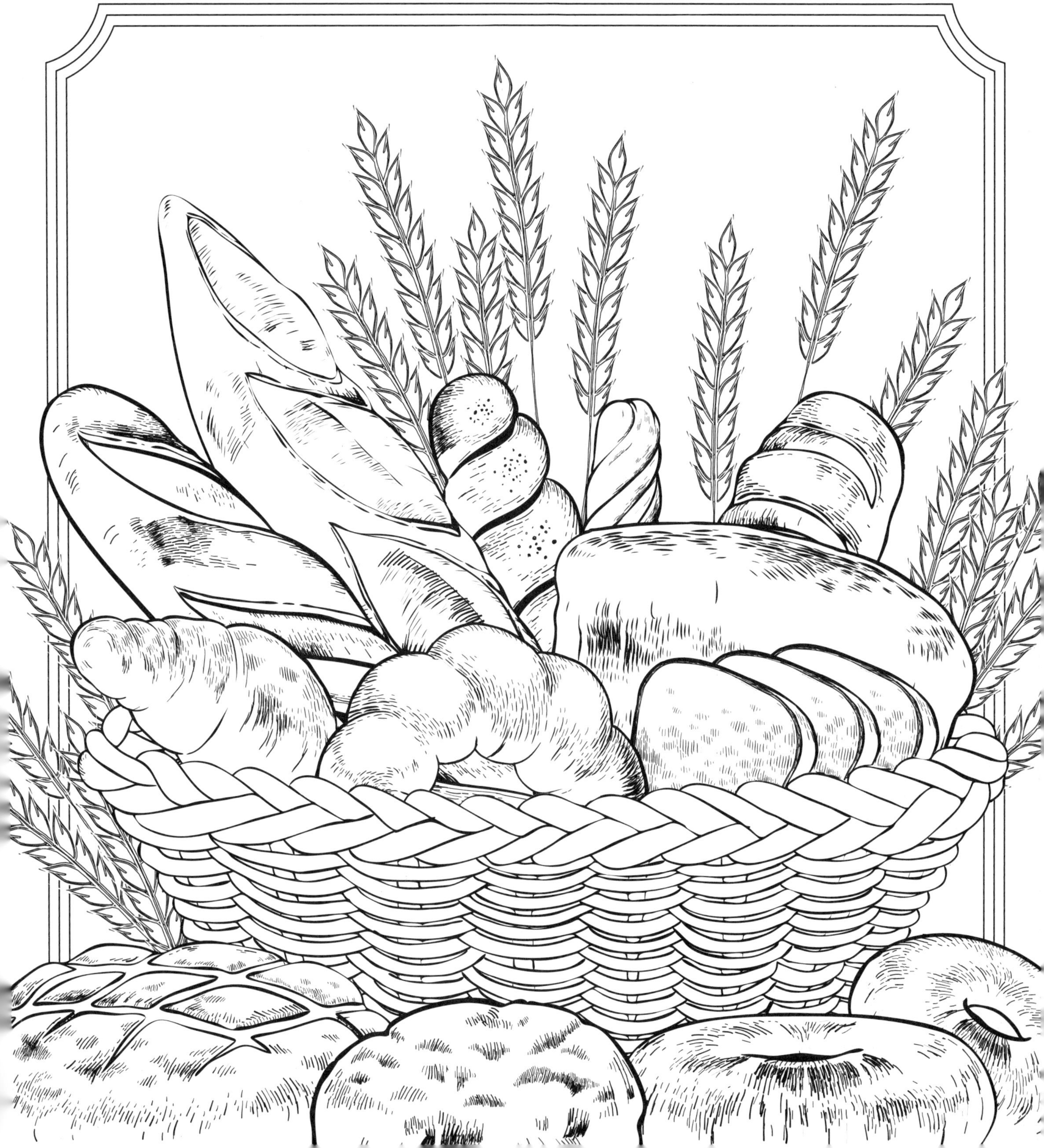

Jehová lo guarde, y le dé vida: sea bienaventurado en la tierra, Y no lo entregues a la voluntad de sus enemigos. Jehová lo sustentará sobre el lecho del dolor: Mullirás toda su cama en su enfermedad.

—Salmo 41:2-3

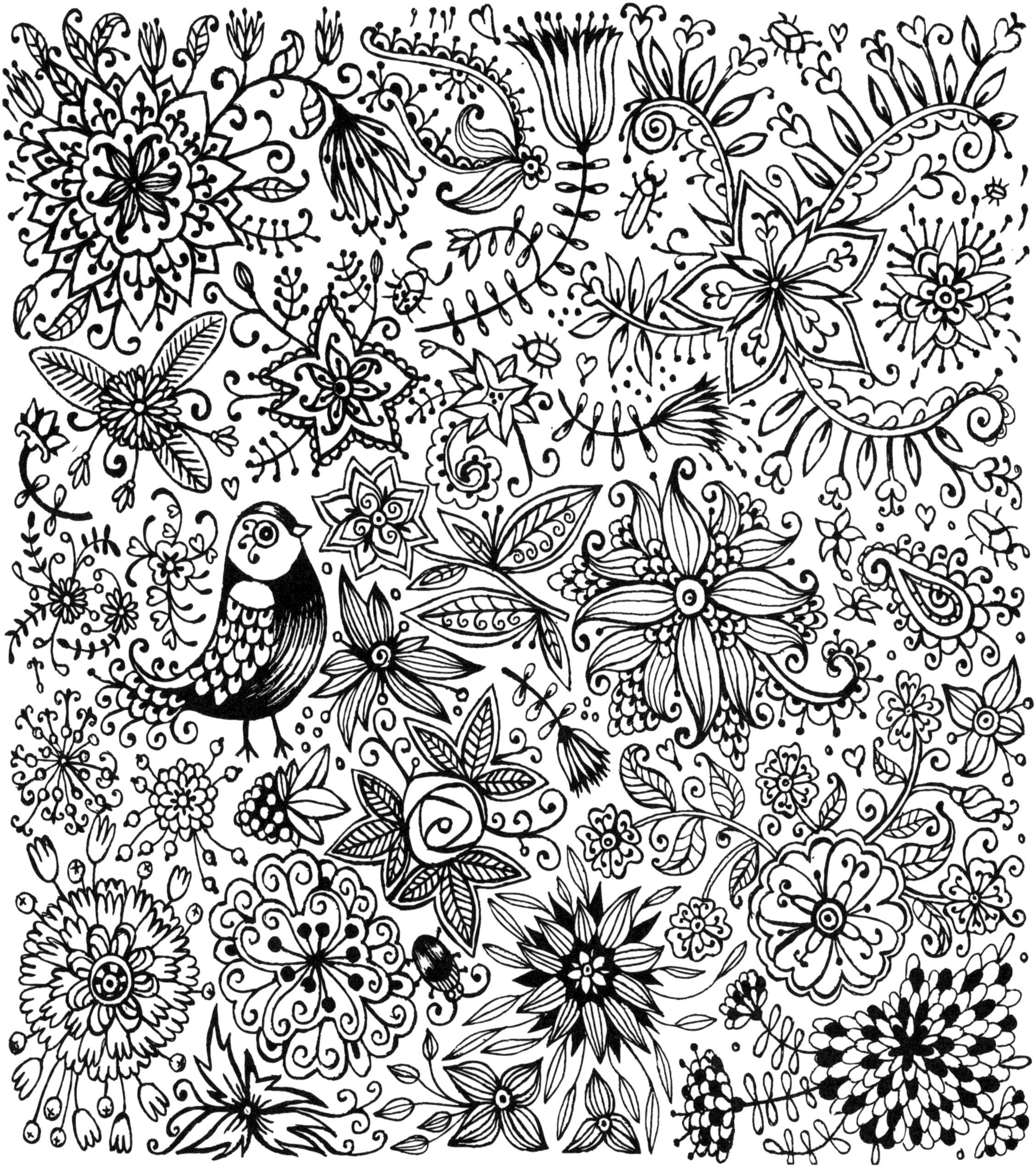

Y la paz de Dios, que sobrepuja todo entendimiento, guardará vuestros corazones y vuestros entendimientos en Cristo Jesús.

—Filipenses 4:7

Muchos son los males del justo;

Mas de todos ellos lo librará Jehová.

—Salmo 34:19

lo librará
Jehová
—Salmo 34:19

Así que, si el Hijo os libertare, seréis verdaderamente libres.

—Juan 8:36

serréis verdaderamente

LIBRES

—JUAN 8:36

La mayoría de los productos de Casa Creación están disponibles a un precio con descuento en cantidades de mayoreo para promociones de ventas, ofertas especiales, levantar fondos y atender necesidades educativas. Para más información, escriba a Casa Creación, 600 Rinehart Road, Lake Mary, Florida, 32746; o llame al teléfono (407) 333-7117 en Estados Unidos.

Palabras que sanan por Passio
Publicado por Casa Creación
Una compañía de Charisma Media
600 Rinehart Road
Lake Mary, Florida 32746
www.casacreacion.com

Director de Diseño: Justin Evans
Diseño de la portada: Justin Evans
Diseño interior: Justin Evans, Lisa Rae McClure, Vincent Pirozzi

Ilustraciones: Getty Images / Depositphotos

ISBN: 978-1-62999-040-8

Primera edición
16 17 18 19 20 — 987654321

Impreso en los Estados Unidos de América